왕초보영어
2025 상편

EBS 기획 | 마스터유진 지음

—
하루 30분 학습으로
언제 어디서나
듣고 말할 수 있는
영어 자신감 쌓기

머리말

> You can't connect the dots looking forward.
> 미래를 예측하며 점들을 연결할 수는 없습니다.
>
> You can only connect them looking backwards.
> 훗날 뒤를 돌아보며 이해할 수 있을 뿐이죠.
>
> **Steve Jobs** (1955~2011)

'점 이어 가기'라는 그림 놀이를 해 보신 적 있나요?
종이 위에 많은 숫자들이 작은 점들과 함께 무작위로 놓여 있고, 숫자 순서대로 점들을 이어 가는 놀이 말이죠. 이어 가는 순간에는 '이게 그림이 되긴 하는 거야?'라는 생각만 듭니다.

그런데, 이게 웬걸! 펜이 마지막 숫자에 멈춘 후 완성된 최종 그림을 보는 순간 우리에게 다가오는 그 충격과 반전.

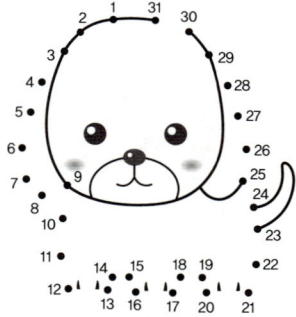

데려다 키우고 싶을 정도로 귀여운 강아지 한 마리가 되기도 하고, 카리스마 충만한 코끼리를 완성하게 되기도 하고, 아름다운 정원이 되는가 하면, 멋들어진 악기들이 완성될 수도 있습니다.

일이든 공부든 연애든 뭐든지 가끔씩은 힘들 때가 있어서 '내가 맞게 하고 있긴 한 건가? 이게 내 인생에 도움이나 될까?'라는 생각이 들곤 합니다.

하지만 힘든 그 순간마저도 최종 그림을 완성하는 데 한몫하는 점이며, 그 점들이 만들어 낼 최종 그림은 반드시 상상을 초월할 정도로 놀라운 것임을 믿고 신나게 나아가면 좋겠습니다.

이제 저는 여러분과 새로운 점을 함께 이어 나가 보려 합니다.

- 십수 년간 미국 현지에서 다양한 직업군의 원어민들과 소통하여 완성한 데이터
- 원어민들이 매일 쓰는 생활 밀착형 표현들과 패턴
- 한국인들과는 다른 원어민들의 사고방식과 표현 방법
- 끝없는 오류와 수정을 반복하여 완성한 한국인에게 꼭 필요한 학습법

그 모든 것이 〈EBS 왕초보영어〉에 잘 녹아들어 있습니다.
시청자 여러분의 과분한 사랑과 성원에 진심으로 감사드립니다.

수년간 영어 방송 1위의 자리를 지킬 수 있었던 건 시청자 여러분 덕분입니다.

마스터유진 드림

이 교재의 **구성과 특징**

〈EBS 왕초보영어〉는 영어를 알긴 아는데 영어로 말하려고 하면 입이 떨어지지 않는 왕초보들을 위한 교재입니다.

EBS TV 방송 프로그램 "EBS 왕초보영어"로 마스터유진 선생님과 함께 더욱 실제적이고 적극적인 학습이 가능합니다.

요일별 주제마다, Today's Dialogue를 기반으로 한 4개의 STEP으로 구성하여, 각 STEP마다 초보자들이 자신감을 가지고 재미있게 학습할 수 있도록 구성되어 있습니다.

우리 일상생활과 가장 밀접한 가정, 일상, 직업, 관계, 여행을 주제로 하여, 알아 두면 언제든지 유용하게 사용할 수 있습니다.

가정 자녀에서 부부 사이까지. 이제 나도 가족들과 영어로 대화할 수 있다!

일상 생활 영어에서 비즈니스 영어까지. 이제 나도 영어로 수다 떨 수 있다!

직업 상담에서 판매까지. 이제 나도 고객과 영어로 대화할 수 있다!

관계 친구에서 직장 상사까지. 이제 나도 영어로 상담해 줄 수 있다!

여행 공항에서 여행지까지. 이제 나도 현지인들과 영어로 대화할 수 있다!

이 교재의 **효과적인 활용법**

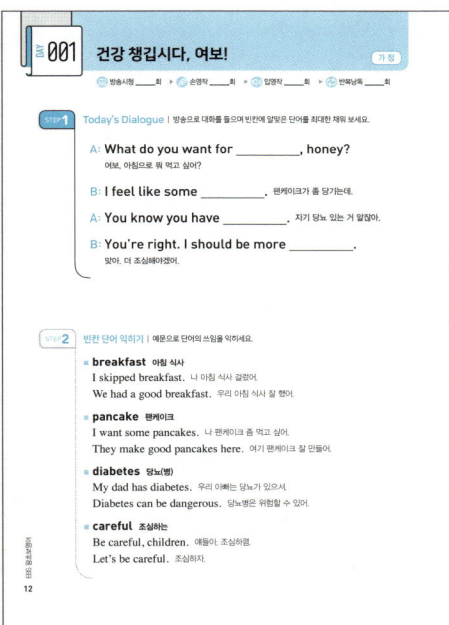

STEP 1

방송으로 대화를 들으며 빈칸에 알맞은 단어를 최대한 채워 보세요.

요일마다 달라지는 주제별 오늘의 대화를 방송으로 먼저 들어 봅니다.

> **Tip**
> - 단어는 아는데 스펠링을 모른다면 한글로 채워 넣어도 좋습니다.
>   예 school → 스쿨
>   　　playground → 플레이그라운드
> - 아예 모르는 단어라면 들리는 만큼만 채워 넣어도 됩니다.
>   예 Congratulations! → 콩그레...션
>   　　awesome → 어...쎄...

STEP 2

예문으로 단어의 쓰임을 익히세요.

노트에 단어만 계속 써서 암기하는 건 아무 의미가 없습니다.
익힌 단어를 반드시 다른 문장에 자유자재로 넣어 쓸 수 있어야 합니다.

> **Tip**
> 예문을 모방한 비슷한 문장을 직접 영작해 보세요.

이 교재의 효과적인 활용법

STEP 3

방송을 시청하며 각 문장의 핵심 패턴을 익히세요.

한 문장 한 문장을 낱낱이 뜯어보며 문장을 확실하게 익히는 단계입니다.

예문과 선생님의 설명을 통해 핵심 패턴을 이해하세요.
핵심 패턴은 랜덤하게 자주 반복되므로 당장 이해가 되지 않더라도 걱정할 필요가 없습니다.
또한 이미 알고 있는 패턴이더라도 새로 배운 듯 다시 필기하세요.

Tip
필기하는 행동 자체가 뇌에 신호를 보내며 강력한 반복/강화훈련이 됩니다.
방송 중 발음훈련, 낭독훈련, 입영작, 연기훈련 등이 진행될 때는 **큰 목소리로 + 자신감 있게 + 실감나게 + 적극적으로 참여**하세요.

STEP **4**

핵심 패턴을 사용하여 손으로 영작하고 입으로 영작하세요.

 손영작

모르는 단어는 사전을 사용해도 괜찮습니다.
손영작은 스피드가 생명이므로, 지우개 쓸 시간도 아깝습니다. 최대한 빠르게 쓰세요.

 입영작

손영작한 문장을 이번에는 입으로 내뱉으세요.
* 단, 암기해서 말하면 안 됩니다. 입영작은 스피드보다는 자연스러움이 생명입니다.
  표정, 억양, 몸짓을 총동원하여 연기하세요.

> **Tip**
> 틀려도 됩니다. 틀리세요. 틀려야 늡니다.

마스터유진 선생님이 제안하는 **Extra Tip!**

❶ 매일 "EBS 왕초보영어" 방송을 시청하세요.
❷ 각 문장들을 손영작, 입영작하세요.
❸ 큰 목소리로 자신감 있게 오늘의 대화를 5회 이상 낭독하세요.
❹ **스터디 파트너와 각자 파트를 나누어 연기하세요.** 최고로 추천합니다.
❺ 방송 중에 주어지는 퀴즈를 꾸준히 풀고 게시판에 정답을 올리세요.

이 교재의 목차

Day	제목	주제	방송회차
Day 001	건강 챙깁시다, 여보!	가정	2393회
Day 002	1편보다 나은 2편은 없다더니	일상	2394회
Day 003	다이어트 중엔 우유도 신경 써야지	직업	2395회
Day 004	동료의 승진을 축하해 보자	관계	2396회
Day 005	버스를 탈까? 배를 탈까?	여행	2397회
Day 006	처남한테 아이를 맡기자고?	가정	2398회
Day 007	할머니 오시는데 방 안 치울 거야?	일상	2399회
Day 008	성공한 사업가의 조언	직업	2400회
Day 009	친구의 졸업식을 놓쳐 버렸다	관계	2401회
Day 010	가성비 좋은 이탈리안 식당	여행	2402회
Day 011	개학 첫날부터 쪽지 시험?	가정	2403회
Day 012	강아지를 입양한 멋진 친구	일상	2404회
Day 013	워크숍 중에 전화 온 아버지	직업	2405회
Day 014	눈치가 이렇게 없을 수 있는 것인가?	관계	2406회
Day 015	길 잃지 말고 용기 내서 물어보자	여행	2407회
Day 016	우리 형 최고	가정	2408회
Day 017	이미 답은 정해져 있다	일상	2409회
Day 018	예술은 정말 어려워	직업	2410회
Day 019	같은 변명 이젠 지겨워	관계	2411회
Day 020	여행의 필수품 SIM 카드	여행	2412회
Day 021	자연스럽게 사라진 엄마	가정	2413회
Day 022	아이가 필요한 건 관심	일상	2414회
Day 023	직설적인 우리 수학 선생님	직업	2415회
Day 024	콜라보 프로젝트를 마치고 나서	관계	2416회
Day 025	맨해튼에 왔으면 Little Italy는 가 보자	여행	2417회
Day 026	그러게 집에 좀 일찍 들어오지	가정	2418회
Day 027	오늘 운동 좀 많이 하시겠군	일상	2419회
Day 028	좀 멀기는 한데 고민되네	직업	2420회

Day	제목	주제	방송회차
Day 029	실망이란 말이 가장 무서워	관계	2421회
Day 030	개장 요일과 시간을 물어보자	여행	2422회
Day 031	오빠 성격을 알아서 안 물어본 거야	가정	2423회
Day 032	너 솔직히 레슨받기 싫구나?	일상	2424회
Day 033	책을 쓰는 창작의 고통	직업	2425회
Day 034	항상 나 혼자 말하는 기분이야	관계	2426회
Day 035	이왕이면 저렴한 환율로 환전하기	여행	2427회
Day 036	우리끼리 쇼핑몰 여행은 무리야	가정	2428회
Day 037	눈치 0단 내 친구	일상	2429회
Day 038	손님을 위해 솔직해지겠습니다	직업	2430회
Day 039	케이크로 마무리하면 안 될까?	관계	2431회
Day 040	셔틀 타고 호텔에서 공항 가기	여행	2432회
Day 041	동물원에 처음 가 보는 아들	가정	2433회
Day 042	여름의 상징 플로리다	일상	2434회
Day 043	장기 렌터카 정비소에 맡기기	직업	2435회
Day 044	나이가 들면 좀 멀어지나 봐	관계	2436회
Day 045	미국에도 시장이 있을까?	여행	2437회
Day 046	아이들이 꼭 배워야 할 그것	가정	2438회
Day 047	물건은 항상 같은 곳에 두자	일상	2439회
Day 048	서점에서 특정한 책 찾기	직업	2440회
Day 049	멋진 군인을 본 꼬마	관계	2441회
Day 050	여행 중 가벼운 두통이 있다면?	여행	2442회
Day 051	아빠에게 주어진 창의력 테스트	가정	2443회
Day 052	이해해 주셔서 감사해요, 부장님	일상	2444회
Day 053	아름다운 당일 세탁 서비스	직업	2445회
Day 054	초대를 막판에 하는 게 어디 있음?	관계	2446회
Day 055	삼엄해도 안전한 게 더 낫지	여행	2447회
Day 056	영영 돌아오지 않는 거 아니니?	가정	2448회
Day 057	게임 한 판을 위해 최선을 다하는 남편	일상	2449회
Day 058	냉장고가 고장 나면 음식은 다 어쩌지?	직업	2450회
Day 059	칭찬은 서로를 춤추게 한다	관계	2451회
Day 060	여행 중 커피 한 잔 즐기기	여행	2452회
Day 061	긴장한 남편을 안심시키는 아내	가정	2453회
Day 062	나름 마음에 드는 새 직장	일상	2454회

Day	제목	주제	방송회차
Day 063	팀장에게 물어보는 부장님	직업	2455회
Day 064	부부는 같은 팀이야	관계	2456회
Day 065	센트럴 파크를 자전거 타고 돌아다녀 보자	여행	2457회
Day 066	남편의 충격적인 악몽	가정	2458회
Day 067	악몽을 꾼 남편이 그토록 원한 것	일상	2459회
Day 068	당장 필요한 약인데 큰일이네	직업	2460회
Day 069	욱하고 나서 미안해질 때가 있다	관계	2461회
Day 070	하이킹하기 좋은 공원	여행	2462회
Day 071	아이와 함께 집 치우기	가정	2463회
Day 072	창고 세일 구경 가자	일상	2464회
Day 073	플로리스트님이 알아서 해 주세요	직업	2465회
Day 074	힘들어하는 친구에게	관계	2466회
Day 075	서울에 처음 온 외국인 도와주기	여행	2467회
Day 076	하와이? 나도 가고는 싶지	가정	2468회
Day 077	6월에 아이스크림은 못 참지	일상	2469회
Day 078	수염 다듬는데 약간 떨려	직업	2470회
Day 079	네 생일을 모르는 게 더 이상하지	관계	2471회
Day 080	10분 정도면 운전해서 갈 만하지	여행	2472회
Day 081	그럼 이는 하루에 몇 번 닦은 게야?	가정	2473회
Day 082	반전이 있는 소설은 못 참지	일상	2474회
Day 083	깜박대는 부엌 조명	직업	2475회
Day 084	뭔가 피하는 거 같은 이 기분	관계	2476회
Day 085	정확한 번지를 알려 주셨군요	여행	2477회
Day 086	혹시 본인이 할 게임을 산 거 아니야?	가정	2478회
Day 087	아무래도 널 못 믿겠어	일상	2479회
Day 088	할리우드 대작 *Peter Man*	직업	2480회
Day 089	오해가 있다면 풀어야지	관계	2481회
Day 090	여행할 때 현금은 필수지	여행	2482회
Day 091	그대여, 내 배둘레햄은 사랑하지 마오	가정	2483회
Day 092	하루 만에 한 시즌 몰아 보기	일상	2484회
Day 093	도심에서 택시 타기	특집	2485회
Day 094	뭔가 우울함을 느끼는 친구	관계	2486회
Day 095	난 스타일보단 가격이 중요해	여행	2487회
Day 096	헤어스타일에 대한 엄마의 충고	가정	2488회

Day	제목	주제	방송회차
Day 097	피곤한 건 좋은 징조가 아니야	일상	2489회
Day 098	모델이 아니라 좀 어색해	직업	2490회
Day 099	바보, 왜 이제 말하는 거야	관계	2491회
Day 100	조용한 해변이 더 낭만적이야	여행	2492회
Day 101	여보, 말이 다르잖아	가정	2493회
Day 102	그게 갑자기 생각났다고?	일상	2494회
Day 103	배터리 방전은 악몽이야	직업	2495회
Day 104	역시 말만 한 거였어	관계	2496회
Day 105	신혼여행 중 로맨틱한 저녁	여행	2497회
Day 106	자매끼리 건전한 취미 생활	가정	2498회
Day 107	영화 마라톤 함께 달리자	일상	2499회
Day 108	승무원은 쉬운 직업이 아니야	직업	2500회
Day 109	이제 함께할 때도 됐어	관계	2501회
Day 110	우리 드라이브 좀 가 볼까?	여행	2502회
Day 111	옷은 원래 공유하는 거야, 동생아	가정	2503회
Day 112	대체 얼마나 웃긴 영상이길래	일상	2504회
Day 113	아파트를 찾고 있는 유학생	직업	2505회
Day 114	이웃끼리 친해야 인생도 편하다	관계	2506회
Day 115	아이들에게 줄 기념품 사기	여행	2507회
Day 116	아빠가 새롭게 보인다	가정	2508회
Day 117	Bob이 사랑을 못 받는 이유	일상	2509회
Day 118	계약 전에 변호사와 상담하기	직업	2510회
Day 119	칭찬이야, 모욕이야?	관계	2511회
Day 120	지역 축제를 즐겨 보자	여행	2512회
Day 121	두 자매가 반한 아이돌 가수	가정	2513회
Day 122	곧 만나러 갑니다, 내 아이돌 가수여	일상	2514회
Day 123	작년에 이어 충치 풍년이네	직업	2515회
Day 124	다른 게 효도가 아니야	관계	2516회
Day 125	여행 중 아이에게 생긴 응급 상황	여행	2517회
Day 126	우리 아이의 최애 과목	가정	2518회
Day 127	십 년 만에 전화기를 바꾼 친구	일상	2519회
Day 128	근육맨은 되고 싶은데 귀찮아	직업	2520회
Day 129	젠틀맨이 되어 볼까나?	관계	2521회
Day 130	뉴욕 하면 재즈 아니겠어?	여행	2522회

건강 챙깁시다, 여보!

가정

방송시청 _____ 회 ▶ 손영작 _____ 회 ▶ 입영작 _____ 회 ▶ 반복낭독 _____ 회

STEP 1 Today's Dialogue | 방송으로 대화를 들으며 빈칸에 알맞은 단어를 최대한 채워 보세요.

A: What do you want for _____, honey?
여보, 아침으로 뭐 먹고 싶어?

B: I feel like some _____. 팬케이크가 좀 당기는데.

A: You know you have _____. 자기 당뇨 있는 거 알잖아.

B: You're right. I should be more _____.
맞아. 더 조심해야겠어.

STEP 2 빈칸 단어 익히기 | 예문으로 단어의 쓰임을 익히세요.

- **breakfast** 아침 식사
  I skipped breakfast. 나 아침 식사 걸렀어.
  We had a good breakfast. 우리 아침 식사 잘 했어.

- **pancake** 팬케이크
  I want some pancakes. 나 팬케이크 좀 먹고 싶어.
  They make good pancakes here. 여기 팬케이크 잘 만들어.

- **diabetes** 당뇨(병)
  My dad has diabetes. 우리 아빠는 당뇨가 있으셔.
  Diabetes can be dangerous. 당뇨병은 위험할 수 있어.

- **careful** 조심하는
  Be careful, children. 얘들아, 조심하렴.
  Let's be careful. 조심하자.

STEP 3 핵심 패턴 익히기 | 방송을 시청하며 각 문장의 핵심 패턴을 익히세요.

A: **What do you want for breakfast, honey?** 여보, 아침으로 뭐 먹고 싶어?
　　for (식사) (식사)로
　　What do you want for lunch? 너 점심으로 뭐 먹고 싶어?
　　I had fried rice for dinner. 나 저녁으로 볶음밥 먹었어.

B: **I feel like some pancakes.** 팬케이크가 좀 당기는데.
　　feel like (명사) (명사)가 당기다
　　I feel like some cheesecake. 나 치즈 케이크가 좀 당기는데.
　　I feel like some ice cream. 나 아이스크림이 좀 당겨.

A: **You know you have diabetes.** 자기 당뇨 있는 거 알잖아.
　　You know + (평서문). (평서문)인 거 알잖아.
　　You know I love you. 내가 너 사랑하는 거 알잖아.
　　You know it's not good for you. 그게 건강에 안 좋은 거 알잖아.

B: **You're right. I should be more careful.** 맞아. 더 조심해야겠어.
　　should (동사원형) (동사원형)해야겠다/하는 게 좋겠다
　　You should be calm. 너 침착해야겠어.
　　I should lie down. 나 눕는 게 좋겠어.

STEP 4 직접 손영작/입영작 | 핵심 패턴을 사용하여 손으로 영작하고 입으로 영작하세요.

1. 너 저녁으로 뭐 먹고 싶어?　_____

2. 나 파스타가 좀 당겨.　_____

3. 내가 감기 걸린 거 알잖아.　_____

4. 우리는 집에 가야겠어.　_____

정답 | 1. What do you want for dinner? 2. I feel like some pasta. 3. You know I have a cold. 4. We should go home.

1편보다 나은 2편은 없다더니

방송시청 ____회 ▶ 손영작 ____회 ▶ 입영작 ____회 ▶ 반복낭독 ____회

STEP 1

Today's Dialogue | 방송으로 대화를 들으며 빈칸에 알맞은 단어를 최대한 채워 보세요.

A: **Do you want to catch a movie _____?**
오늘 밤에 영화 보러 갈래?

B: **You mean, Mayu Man 2? I _____ saw it.**
'Mayu Man 2편' 말이야? 벌써 봤어.

A: **Oh, you _____? How was it?** 아, 봤어? 어땠는데?

B: **It was okay. I liked the _____ one better.**
그냥 괜찮았어. 난 1편이 더 괜찮더라.

STEP 2

빈칸 단어 익히기 | 예문으로 단어의 쓰임을 익히세요.

- **tonight** 오늘 밤에 / 오늘 밤
  I am leaving tonight. 나 오늘 밤에 떠나.
  Tonight is very important. 오늘 밤은 정말 중요해.

- **already** 벌써, 이미
  They are already here. 걔네 벌써 여기 왔어.
  I am already 16. 저 벌써 열여섯 살이에요.

- **did** 했다
  I did it myself. 나 그거 직접 했어.
  We did it together. 우리 그거 같이 했어.

- **first** 첫 번째의, 처음의
  This is my first book. 이거 내 첫 책이야.
  It was my first day. 내 첫날이었어.

STEP 3 핵심 패턴 익히기 | 방송을 시청하며 각 문장의 핵심 패턴을 익히세요.

A: Do you want to catch a movie tonight? 오늘 밤에 영화 보러 갈래?

catch a movie 영화 보러 가다

Let's catch a movie tonight. 오늘 밤에 영화 보러 가자.

We should catch a movie sometime. 우리 언제 영화 보러 가야겠어.

B: You mean, *Mayu Man 2*? I already saw it.

'Mayu Man 2편' 말이야? 벌써 봤어.

You mean, (명사)? (명사) 말이야?

You mean, your teacher Mayu? 너희 선생님 마유 말이니?

You mean, EBS? EBS 말이야?

A: Oh, you did? How was it? 아, 봤어? 어땠는데?

How was (명사)? (명사)는 어땠니?

How was the contest? 콘테스트는 어땠어?

How was your interview? 면접은 어땠어?

B: It was okay. I liked the first one better.

그냥 괜찮았어. 난 1편이 더 괜찮더라.

like (명사) better (명사)가 더 마음에 들다

I like blue better. 난 파란색이 더 마음에 들어.

I liked the green jacket better. 난 그 녹색 재킷이 더 괜찮더라.

STEP 4 직접 손영작/입영작 | 핵심 패턴을 사용하여 손으로 영작하고 입으로 영작하세요.

1. 내일 영화 보러 갈래? _____

2. Peter 말이니? _____

3. 그 콘서트 어땠어? _____

4. 난 이게 더 마음에 들어. _____

정답 | 1. Do you want to catch a movie tomorrow? 2. You mean, Peter? 3. How was the concert? 4. I like this one better.

다이어트 중엔 우유도 신경 써야지

직업

방송시청 _____ 회 ▶ 손영작 _____ 회 ▶ 입영작 _____ 회 ▶ 반복낭독 _____ 회

STEP 1 **Today's Dialogue** | 방송으로 대화를 들으며 빈칸에 알맞은 단어를 최대한 채워 보세요.

A: **Can I get a _____ cappuccino?**
디카페인 카푸치노 주실 수 있나요?

B: **Do you want it with _____ or skim milk?**
일반 우유 넣어 드릴까요, 탈지유 넣어 드릴까요?

A: **I'm on a diet, so _____, please.**
다이어트 중이라 탈지유 넣어 주세요.

B: **_____. That'll be $4.50.** 알겠습니다. 4달러 50센트 되겠습니다.

STEP 2 빈칸 단어 익히기 | 예문으로 단어의 쓰임을 익히세요.

■ **decaf** 디카페인인, 카페인을 제거한
I ordered a decaf drink. 저 디카페인 음료 주문했는데요.
I don't like decaf coffee. 난 카페인 제거한 커피는 안 좋아해.

■ **regular milk** 일반 우유
I only drink regular milk. 난 일반 우유만 마셔.
Is this regular milk? 이거 일반 우유인가요?

■ **skim milk** 탈지유
Is that skim milk? 저거 탈지유인가요?
We don't have skim milk. 저희는 탈지유가 없습니다.

■ **I got it.** 알겠습니다.
I got it, buddy. 알겠어, 친구.
I got it. I will do that. 알겠습니다. 그렇게 할게요.

STEP 3 핵심 패턴 익히기 | 방송을 시청하며 각 문장의 핵심 패턴을 익히세요.

A: **Can I get a decaf cappuccino?** 디카페인 카푸치노 주실 수 있나요?
　　Can I get (명사)? (명사)를 받을 수 있나요? (→ 주실 수 있어요?)
　　Can I get a decaf latte? 디카페인 라떼 주실 수 있어요?
　　Can I get two cheeseburgers? 치즈버거 두 개 주실 수 있나요?

B: **Do you want it with regular milk or skim milk?**
　　일반 우유 넣어 드릴까요, 탈지유 넣어 드릴까요?
　　with (명사) (명사)와 / (명사)를 넣어
　　Do you want it with milk? 그거 우유와 드릴까요?
　　I drink it with sugar. 나 그거 설탕 넣어 마셔.

A: **I'm on a diet, so skim milk, please.** 다이어트 중이라 탈지유 넣어 주세요.
　　on a diet 다이어트 중인
　　Are you still on a diet? 너 아직 다이어트 중이니?
　　I am not on a diet. 저 다이어트 중이진 않아요.

B: **I got it. That'll be $4.50.** 알겠습니다. 4달러 50센트 되겠습니다.
　　That'll be (가격). (가격) 되겠습니다.
　　That'll be $5. 5달러 되겠습니다.
　　That'll be $2.99. 2달러 99센트 되겠습니다.

STEP 4 직접 손영작/입영작 | 핵심 패턴을 사용하여 손으로 영작하고 입으로 영작하세요.

1. 큰 팝콘 주실 수 있나요?　_____

2. 그거 설탕 넣어 드릴까요?　_____

3. 마유는 아직도 다이어트 중이야.　_____

4. 7달러 되겠습니다.　_____

정답 | 1. Can I get a large popcorn? 2. Do you want it with sugar? 3. Mayu is still on a diet. 4. That'll be $7.

동료의 승진을 축하해 보자

관계

방송시청 ____회 ▶ 손영작 ____회 ▶ 입영작 ____회 ▶ 반복낭독 ____회

STEP 1

Today's Dialogue | 방송으로 대화를 들으며 빈칸에 알맞은 단어를 최대한 채워 보세요.

A: I'm so _____ you got that promotion!
자네가 승진을 해서 기뻐!

B: Thanks! I guess I was _____. 고마워! 운이 좋았던 거 같네.

A: We should _____ it, man! 우리 기념해야지!

B: Let's go and grab a drink _____.
퇴근 후에 가서 한잔하자고.

STEP 2

빈칸 단어 익히기 | 예문으로 단어의 쓰임을 익히세요.

- **happy** 행복한, 기쁜
  I am so happy! 나 엄청 행복해!
  I am happy you like it. 네가 그걸 좋아해서 기뻐.

- **lucky** 운이 좋은
  Today is your lucky day. 오늘은 너의 운 좋은 날이야.
  I was just lucky. 전 그냥 운이 좋았던 거예요.

- **celebrate** 기념하다
  Let's celebrate tonight. 오늘 밤에 기념하자.
  It's time to celebrate. 기념할 시간이야.

- **after work** 퇴근 후에
  See me after work. 퇴근 후에 나 좀 보게.
  I will call you after work. 퇴근 후에 전화할게.

STEP 3 핵심 패턴 익히기 | 방송을 시청하며 각 문장의 핵심 패턴을 익히세요.

A: **I'm so happy you got that promotion!** 자네가 승진을 해서 기뻐!
get a promotion 승진하다
My husband got a promotion. 남편이 승진을 했어.
Did you get a promotion? 너 승진했니?

B: **Thanks! I guess I was lucky.** 고마워! 운이 좋았던 거 같네.
I guess (평서문). (평서문)인 거 같네. / (평서문)인가 보네.
I guess she was lucky. 걔는 운이 좋았던 거 같네.
I guess Mayu likes you. 마유가 널 좋아하나 보네.

A: **We should celebrate it, man!** 우리 기념해야지!
should (동사원형) (동사원형)해야겠다/하는 게 좋겠다
We should party. 우리 파티해야겠어.
I should stay here. 나 여기 있는 게 좋겠어.

B: **Let's go and grab a drink after work.** 퇴근 후에 가서 한잔하자고.
grab a drink 한잔하다
Let's grab a drink after this. 이거 마치고 한잔하자.
Do you want to grab a drink? 한잔할래?

STEP 4 직접 손영작/입영작 | 핵심 패턴을 사용하여 손으로 영작하고 입으로 영작하세요.

1. 내 아내가 승진을 했어. _____

2. Peter는 배가 안 고픈가 보네. _____

3. 너 공부 더 열심히 해야겠어. _____

4. 오늘 밤에 한잔하자. _____

정답 | 1. My wife got a promotion. 2. I guess Peter is not hungry. 3. You should study harder. 4. Let's grab a drink tonight.

버스를 탈까? 배를 탈까?

여행

방송시청 ____회 ▶ 손영작 ____회 ▶ 입영작 ____회 ▶ 반복낭독 ____회

STEP 1 Today's Dialogue | 방송으로 대화를 들으며 빈칸에 알맞은 단어를 최대한 채워 보세요.

A: Excuse me. Where's the nearest _____?
실례지만, 가장 가까운 버스 정류장이 어디예요?

B: There's one right behind the _____.
경찰서 바로 뒤에 하나 있어요.

A: Thanks. I'm trying to get to the _____.
고마워요. 시내에 가려고 하거든요.

B: Take the ferry. It's _____ faster.
페리를 타세요. 그게 훨씬 더 빨라요.

STEP 2 빈칸 단어 익히기 | 예문으로 단어의 쓰임을 익히세요.

■ **bus stop** 버스 정류장
I see a bus stop. 버스 정류장이 보여.
I am at a bus stop. 나 버스 정류장에 있어.

■ **police station** 경찰서
Do you see a police station? 경찰서 보이니?
I just walked past a police station. 나 방금 경찰서 지났어.

■ **city** 시내, 도시
Let's go to the city. 시내에 가자.
I live in a city. 전 도시에 살아요.

■ **way** 훨씬, 아주
Mine is way better. 내 것이 훨씬 더 좋아.
My computer is way too slow. 내 컴퓨터는 아주 느려.

STEP 3 핵심 패턴 익히기 | 방송을 시청하며 각 문장의 핵심 패턴을 익히세요.

A: Excuse me. Where's the nearest bus stop?
실례지만, 가장 가까운 버스 정류장이 어디예요?

Where is (명사)? (명사)는 어디에 있어요?

Where is your mom? 너희 엄마는 어디 계시니?

Where is your boarding pass? 네 탑승권은 어디 있어?

B: There's one right behind the police station.
경찰서 바로 뒤에 하나 있어요.

behind (명사) (명사)의 뒤에

I am behind the bus. 나 그 버스 뒤에 있어.

We live behind the fire station. 우리 그 소방서 뒤에 살아.

A: Thanks. I'm trying to get to the city. 고마워요. 시내에 가려고 하거든요.

get to (장소) (장소)에 도달하다/가다

They got to the airport late. 걔네는 공항에 늦게 도착했어.

I got here at 11. 나 여기 11시에 도착했어.

B: Take the ferry. It's way faster. 페리를 타세요. 그게 훨씬 더 빨라요.

take (교통수단) (교통수단)을 이용하다/타다

Take a bus. 버스를 이용해.

We took a taxi. 우리 택시 탔어.

STEP 4 직접 손영작/입영작 | 핵심 패턴을 사용하여 손으로 영작하고 입으로 영작하세요.

1. 너희 아빠는 어디 계시니? _____

2. 우리 그 건물 뒤에 있어. _____

3. 그들은 그 레스토랑에 일찍 도착했어. _____

4. 열차를 이용하자. _____

정답 | 1. Where is your dad? 2. We are behind the building. 3. They got to the restaurant early. 4. Let's take a train.

처남한테 아이를 맡기자고?

가정

방송시청 ____회 ▶ 손영작 ____회 ▶ 입영작 ____회 ▶ 반복낭독 ____회

STEP 1 **Today's Dialogue** | 방송으로 대화를 들으며 빈칸에 알맞은 단어를 최대한 채워 보세요.

A: Can we go to the movies _____?
우리 내일 영화관 갈 수 있을까?

B: Who's going to _____ Mayu? 마유는 누가 볼 건데?

A: Well, I can ask my _____. 뭐, 내 동생한테 부탁할 수 있지.

B: I hope he's _____ with that. 처남이 그걸 괜찮아하면 좋겠네.

STEP 2 빈칸 단어 익히기 | 예문으로 단어의 쓰임을 익히세요.

- **tomorrow** 내일
  Tomorrow is my b-day. 내일은 내 생일이야.
  Let's talk tomorrow. 내일 얘기하자.

- **take care of** ~를 돌보다
  Take care of her. 그녀를 돌봐.
  I took care of her dog. 난 그녀의 개를 봐 줬어.

- **brother** 남자 형제
  This is my brother. 얘는 내 남동생이야.
  I have two brothers. 난 형이 둘이야.

- **okay** 괜찮은
  Are you okay? 괜찮아?
  I am not okay. 나 안 괜찮아.

STEP 3 핵심 패턴 익히기 | 방송을 시청하며 각 문장의 핵심 패턴을 익히세요.

A: Can we go to the movies tomorrow? 우리 내일 영화관 갈 수 있을까?
go to the movies 영화관에 가다
Let's go to the movies tonight. 오늘 밤에 영화관 가자.
We went to the movies together. 우리 같이 영화관에 갔어.

B: Who's going to take care of Mayu? 마유는 누가 볼 건데?
Who is going to (동사원형)? 누가 (동사원형)할 거니?
Who is going to stay here? 누가 여기 있을 거니?
Who is going to pick me up? 누가 날 픽업할 거니?

A: Well, I can ask my brother. 뭐, 내 동생한테 부탁할 수 있지.
ask (목적어) (목적어)에게 물어보다/부탁하다
Ask your teacher. 너희 선생님께 여쭤봐.
I asked my sister. 우리 누나한테 부탁했어.

B: I hope he's okay with that. 처남이 그걸 괜찮아하면 좋겠네.
be okay + with (명사) (명사)가 괜찮다
I am okay with a window seat. 저 창가 좌석 괜찮아요.
Are you okay with that? 그거 괜찮으세요?

STEP 4 직접 손영작/입영작 | 핵심 패턴을 사용하여 손으로 영작하고 입으로 영작하세요.

1. 너 영화관 가고 싶어? _____

2. 누가 우릴 도와줄 거니? _____

3. Peter한테 부탁해. _____

4. 저 뭐든 괜찮아요. _____

정답 | 1. Do you want to go to the movies? 2. Who is going to help us? 3. Ask Peter. 4. I am okay with anything.

할머니 오시는데 방 안 치울 거야?

일상

방송시청 ____회 ▶ 손영작 ____회 ▶ 입영작 ____회 ▶ 반복낭독 ____회

STEP 1 Today's Dialogue | 방송으로 대화를 들으며 빈칸에 알맞은 단어를 최대한 채워 보세요.

A: Did you tidy up your _____? 방 치웠어?

B: Not yet. I need to _____ this game first.
아직요. 이 게임부터 끝내야 돼요.

A: Turn it off. _____'s coming in 30 minutes.
게임 꺼. 30분 있다가 할머니 오셔.

B: My room is not that _____, Mom…
제 방 그렇게 너저분하진 않아요, 엄마…

STEP 2 빈칸 단어 익히기 | 예문으로 단어의 쓰임을 익히세요.

■ **room** 방
Whose room is this? 이건 누구 방이야?
Her room was messy. 그녀의 방은 엉망이었어.

■ **finish** 마치다, 끝내다
Finish your homework. 숙제를 끝내렴.
I finished everything. 나 다 마쳤어.

■ **grandma** 할머니
My grandma is here. 우리 할머니가 여기 계셔.
Her grandma is healthy. 그녀의 할머니는 건강하셔.

■ **messy** 엉망인
The living room is messy. 거실이 엉망이야.
The warehouse is messy. 창고가 엉망입니다.

STEP 3 핵심 패턴 익히기 | 방송을 시청하며 각 문장의 핵심 패턴을 익히세요.

A: Did you tidy up your room? 방 치웠어?

tidy up (명사) (명사)를 치우다

Tidy up your room. 네 방을 치워.

We tidied up the house. 우린 집을 치웠어.

B: Not yet. I need to finish this game first.
아직요. 이 게임부터 끝내야 돼요.

first 먼저, ~부터

Wash your hands first. 손부터 씻어.

Eat the apple first. 그 사과부터 먹어.

A: Turn it off. Grandma's coming in 30 minutes.
게임 꺼. 30분 있다가 할머니 오셔.

turn off (명사) (명사)를 끄다

Turn off the engine. 엔진을 꺼.

I turned it off. 저 그거 껐어요.

B: My room is not that messy, Mom... 제 방 그렇게 너저분하진 않아요, 엄마…

not that (형용사) 그렇게 (형용사)하진 않은

It's not that hot. 그렇게 덥진 않아.

The car is not that expensive. 그 차는 그렇게 비싸진 않아.

STEP 4 직접 손영작/입영작 | 핵심 패턴을 사용하여 손으로 영작하고 입으로 영작하세요.

1. 거실을 치워. _____

2. 세수부터 해. _____

3. 그 불들을 꺼. _____

4. 나 그렇게 게으르지는 않아. _____

정답 | 1. Tidy up the living room. 2. Wash your face first. 3. Turn off the lights. 4. I am not that lazy.

DAY 008 성공한 사업가의 조언 직업

방송시청 ____회 ▶ 손영작 ____회 ▶ 입영작 ____회 ▶ 반복낭독 ____회

STEP 1

Today's Dialogue | 방송으로 대화를 들으며 빈칸에 알맞은 단어를 최대한 채워 보세요.

A: I _____ you as a businessman.
사업가로서 선생님을 존경해요.

A: Could you give me some _____?
조언 좀 해 주실 수 있을까요?

B: Always be _____ and never stop learning.
항상 인내심을 가지고 절대 배우는 걸 멈추지 마세요.

B: If you have _____, the money will come naturally. 열정이 있다면, 돈은 자연스레 찾아올 겁니다.

STEP 2

빈칸 단어 익히기 | 예문으로 단어의 쓰임을 익히세요.

- **admire** 존경하다
  I admire them. 난 그들을 존경해.
  I admire your work. 전 당신의 일을 존경해요.

- **advice** 조언, 충고
  Let me give you some advice. 조언을 좀 드리죠.
  I need some advice. 전 충고가 필요해요.

- **patient** 인내심 있는
  Be patient, man. 좀 참아, 야.
  He wasn't patient. 그는 인내심이 없었어.

- **passion** 열정
  I see your passion. 당신의 열정이 보이네요.
  Passion is all you need. 열정만 있으면 됩니다.

STEP 3 핵심 패턴 익히기 | 방송을 시청하며 각 문장의 핵심 패턴을 익히세요.

A: **I admire you as a businessman.** 사업가로서 선생님을 존경해요.
as (명사) (명사)로서
I admire you as a teacher. 선생님으로서 당신을 존경해요.
I am saying this as your friend. 나 이거 네 친구로서 말하는 거야.

A: **Could you give me some advice?** 조언 좀 해 주실 수 있을까요?
give (목적어) advice (목적어)에게 조언을 해 주다
Give him some advice. 걔한테 조언을 좀 해 줘.
I gave her advice. 내가 걔한테 조언을 해 줬어.

B: **Always be patient and never stop learning.**
항상 인내를 가지고 절대 배우는 걸 멈추지 마세요.
stop (~ing) (~ing)하는 걸 멈추다 / 그만 (~ing)하다
He finally stopped crying. 걔는 드디어 우는 걸 멈췄어.
Stop yawning. 그만 하품해.

B: **If you have passion, the money will come naturally.**
열정이 있다면, 돈은 자연스레 찾아올 겁니다.
if (평서문) (평서문)이면
If you have money, buy this. 돈이 있으면, 이걸 사.
If you like it, you can take it. 그게 마음에 들면, 가져가도 돼.

STEP 4 직접 손영작/입영작 | 핵심 패턴을 사용하여 손으로 영작하고 입으로 영작하세요.

1. 난 그를 그의 친구로서 도와줬어. _____

2. 저희에게 조언을 좀 해 주세요. _____

3. 그만 얘기해! _____

4. 목마르면, 이 우유를 마셔. _____

정답 | **1.** I helped him as his friend. **2.** Give us some advice. **3.** Stop talking! **4.** If you are thirsty, drink this milk.

DAY 009 친구의 졸업식을 놓쳐 버렸다

관계

방송시청 ____회 ▶ 손영작 ____회 ▶ 입영작 ____회 ▶ 반복낭독 ____회

STEP 1
Today's Dialogue | 방송으로 대화를 들으며 빈칸에 알맞은 단어를 최대한 채워 보세요.

A: I'm sorry I missed your _____, dude.
졸업식 놓쳐서 미안해, 친구.

B: It's okay. I knew you were _____.
괜찮아. 바쁜 거 알고 있었어.

A: I _____ make it up to you. 만회하고 싶은데.

B: _____, it's no big deal. 진짜로 별일 아니야.

STEP 2
빈칸 단어 익히기 | 예문으로 단어의 쓰임을 익히세요.

- **graduation** 졸업, 졸업식
  When is your graduation? 졸업식이 언제니?
  I missed her graduation. 나 걔 졸업식 놓쳤어.

- **busy** 바쁜
  She is a busy woman. 그녀는 바쁜 여자야.
  Are you busy tomorrow? 너 내일 바빠?

- **want to** ~하고 싶다
  I want to go home. 나 집에 가고 싶어.
  She wants to come back. 걔는 돌아오고 싶어 해.

- **seriously** 진짜로, 진지하게
  Seriously, I am busy. 진짜로 나 바빠.
  Seriously, stop calling me. 진짜로 나한테 그만 전화해.

STEP 3 핵심 패턴 익히기 | 방송을 시청하며 각 문장의 핵심 패턴을 익히세요.

A: **I'm sorry I missed your graduation, dude.** 졸업식 놓쳐서 미안해, 친구.
I am sorry + (평서문). (평서문)이라 미안해.
I am sorry I pushed you. 밀어서 미안해.
I am sorry I wasn't there. 거기 내가 없었어서 미안해.

B: **It's okay. I knew you were busy.** 괜찮아. 바쁜 거 알고 있었어.
I knew + (평서문). (평서문)인 거 알고 있었어.
I knew she was mad. 걔가 화난 거 알고 있었어.
I knew it was a lie. 그게 거짓말인 거 알고 있었어.

A: **I want to make it up to you.** 만회하고 싶은데.
make it up + to (목적어) (목적어)에게 만회하다
Let me make it up to you. 너한테 만회하게 해 줘. (→ 내가 더 잘할게.)
We want to make it up to you. 우리 너한테 만회하고 싶어.

B: **Seriously, it's no big deal.** 진짜로 별일 아니야.
It's no big deal. 별일 아니야.
Don't worry. It's no big deal. 신경 쓰지 마. 별일 아니야.
It's no big deal to us. 우리한테는 별일 아니야.

STEP 4 직접 손영작/입영작 | 핵심 패턴을 사용하여 손으로 영작하고 입으로 영작하세요.

1. 늦어서 미안해.

2. 네가 배고픈 거 알고 있었어.

3. 내가 너에게 만회할 수 있을까?

4. 별일 아닙니다, 선생님.

정답 | 1. I am sorry I am late. 2. I knew you were hungry. 3. Can I make it up to you? 4. It's no big deal, sir.

DAY 010 가성비 좋은 이탈리안 식당   여행

방송시청 ____ 회 ▶ 손영작 ____ 회 ▶ 입영작 ____ 회 ▶ 반복낭독 ____ 회

STEP 1
Today's Dialogue | 방송으로 대화를 들으며 빈칸에 알맞은 단어를 최대한 채워 보세요.

A: **Do you know any good _____ near the hotel?**
호텔 근처에 괜찮은 식당 좀 아세요?

B: **There's a great _____ restaurant across the street.** 길 건너에 진짜 괜찮은 이태리 식당 있어요.

A: **What is the _____ called?** 그곳 이름이 뭔데요?

B: **It's called Mayu Italia, and their food is _____.**
Mayu Italia라고 하는데, 음식도 저렴해요.

STEP 2
빈칸 단어 익히기 | 예문으로 단어의 쓰임을 익히세요.

■ **restaurant** 식당
She owns a restaurant. 그녀는 식당을 소유하고 있어.
There is a Korean restaurant. 한국 식당이 있어.

■ **Italian** 이탈리아의, 이탈리아인인
I love Italian food. 난 이탈리아 음식이 너무 좋아.
Is she Italian? 걔는 이탈리아인이니?

■ **place** 장소, 곳
This is a lovely place. 여기 참 사랑스러운 곳이네요.
What is this place? 여긴 어떤 곳이야?

■ **affordable** 저렴한, 여유가 되는
Their service is quite affordable. 그들의 서비스는 꽤 저렴해.
That's an affordable price. 그건 낼 만한 가격이야.

STEP 3 핵심 패턴 익히기 | 방송을 시청하며 각 문장의 핵심 패턴을 익히세요.

A: Do you know any good restaurants near the hotel?
호텔 근처에 괜찮은 식당 좀 아세요?
near (명사) (명사) 근처에
Do you know any museums near the hotel? 호텔 근처에 박물관 아는 데 있어요?
There is a subway station near the building. 그 건물 근처에 지하철역이 있어.

B: There's a great Italian restaurant across the street.
길 건너에 진짜 괜찮은 이태리 식당 있어요.
across the street 길 건너에
I live across the street. 나 길 건너에 살아.
There is a gas station across the street. 길 건너에 주유소가 있어.

A: What is the place called? 그곳 이름이 뭔데요?
What is (명사) called? (명사)를 뭐라고 불러요? / (명사)는 이름이 뭐예요?
What is it called? 그건 뭐라고 불러?
What is the restaurant called? 그 식당은 이름이 뭐야?

B: It's called Mayu Italia, and their food is affordable.
Mayu Italia라고 하는데, 음식도 저렴해요.
A is called B. A는 B라고 불러/해.
The place is called EBS. 거긴 EBS라고 해.
The cafe is called Mayu Espresso. 그 카페는 Mayu Espresso라고 불러.

STEP 4 직접 손영작/입영작 | 핵심 패턴을 사용하여 손으로 영작하고 입으로 영작하세요.

1. 그 해변 근처에 호텔이 있어. _____

2. 길 건너에 미용실이 있어. _____

3. 이 건물은 뭐라고 불러? _____

4. 그 건물은 Mayu Building이라고 불러. _____

정답 | 1. There is a hotel near the beach. 2. There is a hair salon across the street. 3. What is this building called? 4. The building is called Mayu Building.

DAY 011 개학 첫날부터 쪽지 시험?

가정

방송시청 ____회 ▶ 손영작 ____회 ▶ 입영작 ____회 ▶ 반복낭독 ____회

STEP 1
Today's Dialogue | 방송으로 대화를 들으며 빈칸에 알맞은 단어를 최대한 채워 보세요.

A: How was your _____ at school? 학교 첫날 어땠어?

B: It was _____. We had a pop quiz.
끔찍했어요. 쪽지 시험 있었어요.

A: _____! On the first day? 말도 안 돼! 첫날에?

B: Well, _____ I got an A on it. 뭐, 적어도 시험에 A는 받았어요.

STEP 2
빈칸 단어 익히기 | 예문으로 단어의 쓰임을 익히세요.

- **first day** 첫날
  Is today your first day? 오늘이 너의 첫날이니?
  It's her first day. 그녀의 첫날이야.

- **terrible** 끔찍한, 형편없는
  What a terrible idea! 엄청 끔찍한 아이디어구먼!
  The trip was terrible. 여행이 형편없었어.

- **No way!** 말도 안 돼!, 절대 싫어!
  No way! Is that true? 말도 안 돼! 사실이야?
  No way! That's mine! 절대 싫어! 그거 내 거야!

- **at least** 적어도
  At least, I have a girlfriend. 적어도 난 여자 친구가 있지.
  I need at least $20. 나 적어도 20달러가 필요해.

STEP 3 핵심 패턴 익히기 | 방송을 시청하며 각 문장의 핵심 패턴을 익히세요.

A: **How was your first day at school?** 학교 첫날 어땠어?
　How was (명사)? (명사)는 어땠니?
　How was your first day at work? 출근 첫날 어땠니?
　How was your food? 음식 어땠어요?

B: **It was terrible. We had a pop quiz.** 끔찍했어요. 쪽지 시험 있었어요.
　have a pop quiz 쪽지 시험이 있다
　They had a pop quiz. 걔네는 쪽지 시험이 있었어.
　Did you have a pop quiz? 너희 쪽지 시험 있었니?

A: **No way! On the first day?** 말도 안 돼! 첫날에?
　on (날짜/날/요일) (날짜/날/요일)에
　We moved out on Wednesday. 우리 수요일에 이사 나갔어.
　I quit on the first day. 나 첫날에 관뒀어.

B: **Well, at least I got an A on it.** 뭐, 적어도 시험에 A는 받았어요.
　get a(n) (점수) (점수)를 받다
　I got a B. 나 B 받았어.
　She got an F on the test. 걔는 그 시험에 F를 받았어.

STEP 4 직접 손영작/입영작 | 핵심 패턴을 사용하여 손으로 영작하고 입으로 영작하세요.

1. 네 결혼식은 어땠니? _____

2. 오늘 저희 쪽지 시험 있어요? _____

3. 그들은 월요일에 떠났어. _____

4. Andrew는 A를 받았어. _____

정답 | 1. How was your wedding? 2. Do we have a pop quiz today? 3. They left on Monday. 4. Andrew got an A.

강아지를 입양한 멋진 친구

일상

방송시청 ____회 ▶ 손영작 ____회 ▶ 입영작 ____회 ▶ 반복낭독 ____회

STEP 1

Today's Dialogue | 방송으로 대화를 들으며 빈칸에 알맞은 단어를 최대한 채워 보세요.

A: I heard you got a _____! 강아지 키우게 됐다며!

B: Yeah, we _____ her from a shelter.
어, 보호소에서 입양했어.

A: Good for you! What's her _____? 잘됐다! 이름이 뭔데?

B: I named _____ Gangshim. 강심이라고 이름 지어 줬어.

STEP 2

빈칸 단어 익히기 | 예문으로 단어의 쓰임을 익히세요.

■ **dog** 개, 강아지
I have two dogs. 난 강아지 두 마리가 있어.
I am a dog person. 난 개를 좋아해.

■ **adopt** 입양하다
They adopted a baby. 그들은 아기를 입양했어.
Jane adopted a cat. Jane이 고양이를 입양했어.

■ **name** 이름
What is your name? 네 이름이 뭐야?
I need a Korean name. 난 한국어 이름이 필요해.

■ **her** 그녀 (목적어)
I need to see her. 난 그녀를 봐야 해.
Do you miss her? 넌 그녀가 그리워?

STEP 3 핵심 패턴 익히기 | 방송을 시청하며 각 문장의 핵심 패턴을 익히세요.

A: I heard you got a dog! 강아지 키우게 됐다며!
I heard + (평서문). (평서문)이라고 들었어. / (평서문)이라며.
I heard you got a promotion! 자네 승진했다며!
I heard she lives in Korea. 그녀가 한국에 산다고 들었어.

B: Yeah, we adopted her from a shelter. 어, 보호소에서 입양했어.
adopt A + from B   B에서/에게서 A를 입양하다
Tim adopted the dog from a shelter. Tim은 보호소에서 그 개를 입양했어.
I adopted the cat from them. 난 그들에게서 그 고양이를 입양했어.

A: Good for you! What's her name? 잘됐다! 이름이 뭔데?
Good for (목적어)!   (목적어)에게 잘됐네!
Good for you guys! (너희들에게) 잘됐네!
Good for your son! (네 아들에게) 잘됐네!

B: I named her Gangshim. 강심이라고 이름 지어 줬어.
name (목적어) (이름)   (목적어)를 (이름)이라고 이름 지어 주다
I named the dog Waru. 난 그 강아지를 와루라고 이름 지어 줬어.
They named their son Mayu. 그들은 그들의 아들을 마유라고 이름 지어 줬어.

STEP 4 직접 손영작/입영작 | 핵심 패턴을 사용하여 손으로 영작하고 입으로 영작하세요.

1. 네가 한국 음식을 좋아한다고 들었어.   _____

2. 우린 그들에게서 그 개를 입양했어.   _____

3. 그녀에게 잘됐네!   _____

4. 우린 그 고양이를 Nero라고 이름 지어 줬어.   _____

정답 | 1. I heard you like Korean food. 2. We adopted the dog from them. 3. Good for her! 4. We named the cat Nero.

워크숍 중에 전화 온 아버지

직업

방송시청 ____회 ▶ 손영작 ____회 ▶ 입영작 ____회 ▶ 반복낭독 ____회

STEP 1

Today's Dialogue | 방송으로 대화를 들으며 빈칸에 알맞은 단어를 최대한 채워 보세요.

A: How's the company _____ going?
회사 워크숍은 어떻게 되어 가고 있니?

B: It's going well. I'm learning _____.
좋아요. 많이 배우고 있어요.

A: That's good to hear. _____! 잘됐구나. 계속 열심히 하렴!

B: Thanks, _____. Oh, I've got to go!
고마워요, 아빠. 앗, 저 끊어야겠어요!

STEP 2

빈칸 단어 익히기 | 예문으로 단어의 쓰임을 익히세요.

■ **workshop** 워크숍
We went to the workshop together. 우린 그 워크숍에 같이 갔어.
There will be a workshop. 워크숍이 있을 겁니다.

■ **a lot** 많이
We laughed a lot. 우리 많이 웃었어.
She ate a lot. 걔는 많이 먹었어.

■ **Keep it up!** 계속 열심히 해!, 계속 잘해!
Keep it up, my son! 계속 잘해, 내 아들!
Keep it up, guys. 계속 열심히 하세요, 여러분.

■ **dad** 아빠
Where's your dad? 너희 아빠 어디 계시니?
Is he your dad? 저분이 너희 아빠셔?

STEP 3 핵심 패턴 익히기 | 방송을 시청하며 각 문장의 핵심 패턴을 익히세요.

A: **How's the company workshop going?**
회사 워크숍은 어떻게 되어 가고 있니?
How is (명사) going? (명사)는 어떻게 되어 가고 있니?
How is the project going? 그 프로젝트는 어떻게 되어 가고 있나?
How is your marriage going? 결혼 생활은 어떻게 되어 가고 있어?

B: **It's going well. I'm learning a lot.** 좋아요. 많이 배우고 있어요.
go well 잘되다
The project is going well. 그 프로젝트는 잘되어 가고 있어요.
Did it go well? 그거 잘됐니?

A: **That's good to hear. Keep it up!** 잘됐구나. 계속 열심히 하렴!
That's good to hear. 잘됐네.
That's good to hear, my friend. 잘됐네, 친구.
That's good to hear! Congratulations! 잘됐네! 축하해!

B: **Thanks, Dad. Oh, I've got to go!** 고마워요, 아빠. 앗, 저 끊어야겠어요!
have got to (동사원형) (동사원형)해야만 한다
I have got to go now. 나 지금 가야 돼.
She has got to stop. 걔는 그만해야 돼.

STEP 4 직접 손영작/입영작 | 핵심 패턴을 사용하여 손으로 영작하고 입으로 영작하세요.

1. 모든 게 어떻게 되어 가고 있니? _____
2. 모든 게 잘 되어 가고 있어. _____
3. 잘됐네요, 부인. _____
4. 우린 지금 떠나야 돼. _____

정답 | 1. How is everything going? 2. Everything is going well. 3. That's good to hear, ma'am. 4. We have got to leave now.

DAY 014

눈치가 이렇게 없을 수 있는 것인가?

관계

방송시청 _____ 회 ▶ 손영작 _____ 회 ▶ 입영작 _____ 회 ▶ 반복낭독 _____ 회

STEP 1 Today's Dialogue | 방송으로 대화를 들으며 빈칸에 알맞은 단어를 최대한 채워 보세요.

A: How could you _____ Jennifer to the party?
어떻게 Jennifer를 파티에 초대할 수 있어?

B: I thought _____ were still together.
너희 둘 아직 사귀는 줄 알았는데?

A: We broke up a month _____! 한 달 전에 헤어졌어!

B: _____. I had no idea, man. 내 실수. 전혀 몰랐어, 야.

STEP 2 빈칸 단어 익히기 | 예문으로 단어의 쓰임을 익히세요.

- **invite** 초대하다
  I invited the neighbors. 난 이웃들을 초대했어.
  Let's invite them over. 걔네를 집에 초대하자.

- **you guys** 너희, 여러분
  Are you guys there? 너희 거기 도착했어?
  You guys are so cute! 너희 엄청 귀여워!

- **ago** ~ 전에
  She left 2 minutes ago. 걔 2분 전에 떠났어.
  We moved here 10 years ago. 저희 여기로 10년 전에 이사 왔어요.

- **My bad.** 내 실수.
  My bad! My bad! 내 실수! 내 실수!
  My bad! Are you okay? 내 실수! 괜찮아?

STEP 3 핵심 패턴 익히기 | 방송을 시청하며 각 문장의 핵심 패턴을 익히세요.

A: **How could you invite Jennifer to the party?** 어떻게 Jennifer를 파티에 초대할 수 있어?

How could you (동사원형)? 너 어떻게 (동사원형)할 수 있어?

How could you ignore me? 너 어떻게 날 모른 척할 수 있어?

How could you forget that? 너 어떻게 그걸 잊을 수 있니?

B: **I thought you guys were still together.** 너희 둘 아직 사귀는 줄 알았는데?

together 사귀는

Are you guys still together? 너희 아직 사귀어?

We have been together for 5 years. 저희 5년간 사귀어 오고 있어요.

A: **We broke up a month ago!** 한 달 전에 헤어졌어!

break up 헤어지다

They broke up. 걔네 헤어졌어.

Why did you guys break up? 너희 왜 헤어졌어?

B: **My bad. I had no idea, man.** 내 실수. 전혀 몰랐어, 야.

have no idea 전혀 모르다, 감이 없다

We have no idea. 저희 전혀 모르겠어요.

She has no idea. 걔는 전혀 감이 없어.

STEP 4 직접 손영작/입영작 | 핵심 패턴을 사용하여 손으로 영작하고 입으로 영작하세요.

1. 너 어떻게 이걸 먹을 수 있어? _____

2. 그들은 아직 사귀어. _____

3. 나랑 헤어지지 마. _____

4. 우리 엄마는 전혀 모르셔. _____

정답 | 1. How could you eat this? 2. They are still together. 3. Don't break up with me. 4. My mom has no idea.

DAY 015 길 잃지 말고 용기 내서 물어보자   여행

방송시청 ____회 ▶ 손영작 ____회 ▶ 입영작 ____회 ▶ 반복낭독 ____회

STEP 1
Today's Dialogue | 방송으로 대화를 들으며 빈칸에 알맞은 단어를 최대한 채워 보세요.

A: Can you help me find this _____?
이 주소 찾는 것 좀 도와줄 수 있어요?

B: _____. Oh, you're looking for Mayu Hotel.
어디 보자. 아, Mayu Hotel 찾으시는군요.

B: Just go straight and then _____.
그냥 똑바로 가시다가 우회전하세요.

A: Thank you, _____. You saved my day.
감사합니다, 선생님. 덕분에 살았네요.

STEP 2
빈칸 단어 익히기 | 예문으로 단어의 쓰임을 익히세요.

■ **address** 주소
What's your address? 네 주소는 뭐야?
Is this the right address? 이거 맞는 주소야?

■ **Let me see.** 어디 봅시다.
Let me see. Yeah, this is fake. 어디 봅시다. 네, 이거 가짜예요.
Let me see. You have a cavity. 어디 보자. 충치가 있네요.

■ **take a right** 우회전하다
I just took a right. 나 방금 우회전했어.
Take a right over there. 저기서 우회전해.

■ **sir** 남자를 부르는 존칭, 선생님
Yes, sir. 네, 선생님.
Please calm down, sir. 진정해 주세요, 손님.

STEP 3 핵심 패턴 익히기 | 방송을 시청하며 각 문장의 핵심 패턴을 익히세요.

A: Can you help me find this address? 이 주소 찾는 것 좀 도와줄 수 있어요?

`help (목적어) (동사원형)` (목적어)가 (동사원형)는 걸 도와주다

Help me walk. 나 걷는 거 좀 도와주렴.

Can you help me stand up? 나 일어서는 거 좀 도와줄 수 있니?

B: Let me see. Oh, you're looking for Mayu Hotel.
어디 보자. 아, Mayu Hotel 찾으시는군요.

`look + for (명사)` (명사)를 찾다

I am looking for someone. 저 누군가를 찾고 있는데요.

Are you looking for this? 너 이거 찾고 있니?

B: Just go straight and then take a right.
그냥 똑바로 가시다가 우회전하세요.

`go straight` 똑바로 가다

Go straight for 3 minutes. 3분간 똑바로 가세요.

Let's go straight. 똑바로 가자.

A: Thank you, sir. You saved my day. 감사합니다, 선생님. 덕분에 살았네요.

`You saved my day.` 덕분에 살았네요. / 덕분에 문제가 해결됐네요.

You saved my day, sir! 선생님 덕분에 살았네요!

You saved my day, boss. 부장님 덕분에 문제가 해결됐네요.

STEP 4 직접 손영작/입영작 | 핵심 패턴을 사용하여 손으로 영작하고 입으로 영작하세요.

1. 난 우리 할머니가 걷는 걸 도와드렸어. _____

2. 저희는 이 주소를 찾고 있어요. _____

3. 너 똑바로 갔어? _____

4. 덕분에 살았네요, 부인! _____

정답 | 1. I helped my grandma walk. 2. We are looking for this address. 3. Did you go straight? 4. You saved my day, ma'am!

DAY 016 우리 형 최고　　　　　　　　　　　　　가정

방송시청 ____회 ▶ 손영작 ____회 ▶ 입영작 ____회 ▶ 반복낭독 ____회

STEP 1
Today's Dialogue | 방송으로 대화를 들으며 빈칸에 알맞은 단어를 최대한 채워 보세요.

A: Do you want to _____ on the swings? 그네 탈래?

B: Yeah! Will you _____ me first? 그래! 나 먼저 밀어 줄 거야?

A: Sure. Let's go down the _____ after this.
그래. 이거 타고 미끄럼틀 타자.

B: You are the _____ brother ever! 형은 최고 멋진 형이야!

STEP 2
빈칸 단어 익히기 | 예문으로 단어의 쓰임을 익히세요.

■ **swing** 흔들다, 휘두르다
She is swinging her arms. 그녀는 두 팔을 흔들고 있어.
He is swinging the bat. 그는 배트를 휘두르고 있어.

■ **push** 밀다
You pushed me first! 네가 날 먼저 밀었잖아!
Stop pushing me! 저 좀 그만 미세요!

■ **slide** 미끄럼틀
There is a slide in the playground. 놀이터에 미끄럼틀이 있어.
The slide was pretty steep. 그 미끄럼틀은 꽤 가팔랐어.

■ **cool** 멋진, 좋은
You are very cool. 너 엄청 멋지다.
He is a cool guy. 걔는 좋은 애야.

STEP 3 핵심 패턴 익히기 | 방송을 시청하며 각 문장의 핵심 패턴을 익히세요.

A: **Do you want to swing on the swings?** 그네 탈래?
swing on the swing 그네를 타다
She is swinging on the swing. 걔는 그네를 타고 있어.
Let's swing on the swings. 그네 타자.

B: **Yeah! Will you push me first?** 그래! 나 먼저 밀어 줄 거야?
Will you (동사원형)? 너 (동사원형)할 거야?
Will you marry me? 너 나랑 결혼할 거야? (→ 결혼해 줄래?)
Will you help us? 저희를 도와주실 거예요?

A: **Sure. Let's go down the slide after this.** 그래. 이거 타고 미끄럼틀 타자.
go down the slide 미끄럼틀을 타다
Should we go down the slide? 우리 미끄럼틀 타야 하나?
Can we go down the slide? 우리 미끄럼틀 타도 돼요?

B: **You are the coolest brother ever!** 형은 최고 멋진 형이야!
the (최상급 형용사) (명사) ever 최고의 (명사)
You are the coolest teacher ever! 당신은 최고 멋진 선생님이에요!
This is the best program ever! 이건 최고의 프로그램이야!

STEP 4 직접 손영작/입영작 | 핵심 패턴을 사용하여 손으로 영작하고 입으로 영작하세요.

1. 우리 그네 타는 게 어때? _____
2. 너 올 거야? _____
3. 우린 미끄럼틀을 탔어. _____
4. 그녀는 최고의 가수야! _____

정답 | 1. Why don't we swing on the swings? 2. Will you come? 3. We went down the slide. 4. She is the best singer ever!

DAY 017 이미 답은 정해져 있다 　　일상

방송시청 ____회 ▶ 손영작 ____회 ▶ 입영작 ____회 ▶ 반복낭독 ____회

STEP 1
Today's Dialogue | 방송으로 대화를 들으며 빈칸에 알맞은 단어를 최대한 채워 보세요.

A: I don't feel like _____ dinner. 저녁 요리할 기분이 아니네.

B: Do you want to _____ pizza or something?
피자나 뭐 그런 거 주문할까?

A: You _____. I'm okay with anything.
자기가 결정해. 난 뭐든 괜찮아.

B: No, you're not. I _____ you. 괜찮지 않잖아. 내가 널 알거든.

STEP 2
빈칸 단어 익히기 | 예문으로 단어의 쓰임을 익히세요.

■ **cook** 요리하다 / 요리사
I can't cook. 난 요리 못해.
Is she a cook? 걔는 요리사니?

■ **order** 주문하다
I ordered a phone. 나 전화기 주문했어.
Order it now! 그거 지금 주문해!

■ **decide** 결정하다
I couldn't decide. 난 결정할 수 없었어.
You can decide later. 나중에 결정해도 돼.

■ **know** 알다
Do you know her? 너 그녀를 아니?
I knew it. 난 그걸 알고 있었어. (→ 내가 그럴 줄 알았어.)

STEP 3 핵심 패턴 익히기 | 방송을 시청하며 각 문장의 핵심 패턴을 익히세요.

A: **I don't feel like cooking dinner.** 저녁 요리할 기분이 아니네.
feel like (~ing) (~ing)할/하고 싶은 기분이다
I feel like going out. 나가고 싶은 기분이야.
I don't feel like eating. 나 먹을 기분이 아니야.

B: **Do you want to order pizza or something?**
피자나 뭐 그런 거 주문할까?
or something 뭐 그런 것
Do you have a pen or something? 너 펜이나 뭐 그런 거 있어?
Are you tired or something? 너 피곤하거나 뭐 그런 거야?

A: **You decide. I'm okay with anything.** 자기가 결정해. 난 뭐든 괜찮아.
be okay + with (명사) (명사)가 괜찮다
I am okay with that color. 난 그 색 괜찮아.
Are you okay with the design? 그 디자인 괜찮으세요?

B: **No, you're not. I know you.** 괜찮지 않잖아. 내가 널 알거든.
not (형용사) (형용사)하지 않은
You are not okay. 너 괜찮지 않잖아.
She is not sick. 걔는 안 아파.

STEP 4 직접 손영작/입영작 | 핵심 패턴을 사용하여 손으로 영작하고 입으로 영작하세요.

1. 나 책 읽고 싶은 기분이야. _____

2. 너 망치나 뭐 그런 거 있어? _____

3. 저희는 아무거나 괜찮아요. _____

4. 난 게으르지 않아. _____

정답 | **1.** I feel like reading a book. **2.** Do you have a hammer or something? **3.** We are okay with anything. **4.** I am not lazy.

예술은 정말 어려워

직업

방송시청 ____회 ▶ 손영작 ____회 ▶ 입영작 ____회 ▶ 반복낭독 ____회

STEP 1

Today's Dialogue | 방송으로 대화를 들으며 빈칸에 알맞은 단어를 최대한 채워 보세요.

A: Are you enjoying my _____? 제 그림을 즐기고 계신가요?

B: Oh, did you paint this? It's _____!
아, 그쪽이 그리신 거예요? 대단해요!

B: What were you trying to _____?
뭘 표현하려고 하신 거예요?

A: I wanted to show the beauty of _____.
자연의 미를 보여 주고 싶었습니다.

STEP 2

빈칸 단어 익히기 | 예문으로 단어의 쓰임을 익히세요.

- **painting** 그림
  I bought a new painting. 나 새 그림 샀어.
  Is this painting yours? 이거 당신 그림인가요?

- **incredible** 믿을 수 없는, 대단한
  You did an incredible job! 대단한 일을 하셨네요! (→ 아주 잘하셨네요!)
  His artwork was incredible. 그의 예술 작품은 대단했어.

- **express** 표현하다
  Express yourself. 네 자신을 표현해.
  I expressed my thoughts. 난 내 생각을 표현했어.

- **nature** 자연, 본성
  She loves nature. 그녀는 자연을 사랑해.
  That's their nature. 그게 그들의 본성이야.

STEP 3 **핵심 패턴 익히기** | 방송을 시청하며 각 문장의 핵심 패턴을 익히세요.

A: **Are you enjoying my painting?** 제 그림을 즐기고 계신가요?
be (~ing) (~ing)하고 있다
Are you having lunch? 너 점심 먹고 있어?
I am using my computer. 나 컴퓨터 쓰고 있어.

B: **Oh, did you paint this? It's incredible!**
아, 그쪽이 그리신 거예요? 대단해요!
Did you (동사원형)? 너 (동사원형)했니?
Did you make this cake? 네가 이 케이크 만들었니?
Did you call your parents? 너 부모님께 전화드렸어?

B: **What were you trying to express?** 뭘 표현하려고 하신 거예요?
try + to (동사원형) (동사원형)하려고 하다
I am trying to focus. 난 집중하려고 하고 있어.
We tried to leave. 우린 떠나려고 했어.

A: **I wanted to show the beauty of nature.**
자연의 미를 보여 주고 싶었습니다.
want to (동사원형) (동사원형)하고 싶다
I want to show you something. 너한테 뭔가 보여 주고 싶어.
She wanted to stay. 그녀는 머물고 싶어 했어.

STEP 4 **직접 손영작/입영작** | 핵심 패턴을 사용하여 손으로 영작하고 입으로 영작하세요.

1. 너 숙제하고 있니? _____

2. 너 점심 먹었니? _____

3. 그 아기는 걸으려고 하고 있어. _____

4. 우린 너에게 감사하고 싶어. _____

정답 | 1. Are you doing your homework? 2. Did you have lunch? 3. The baby is trying to walk. 4. We want to thank you.

DAY 019 같은 변명 이젠 지겨워 〔관계〕

방송시청 ____회 ▶ 손영작 ____회 ▶ 입영작 ____회 ▶ 반복낭독 ____회

STEP 1
Today's Dialogue | 방송으로 대화를 들으며 빈칸에 알맞은 단어를 최대한 채워 보세요.

A: Why do you keep _____ my texts?
왜 내 문자 계속 무시해?

B: I'm sorry. I've been busy with _____.
미안. 일 때문에 바빴어.

A: It's always the same _____! 항상 같은 변명이야!

B: It's not a _____! I'm stressed, too!
거짓말이 아니야! 나도 스트레스받아!

STEP 2
빈칸 단어 익히기 | 예문으로 단어의 쓰임을 익히세요.

- **ignore** 무시하다, 모른 체하다
  Don't ignore my phone calls. 내 전화를 무시하지 마.
  Annie ignored me. Annie가 날 모른 체했어.

- **work** 일
  She has too much work. 걔는 일이 너무 많아.
  I have to do some work. 나 일 좀 해야 돼.

- **excuse** 변명
  That's a lame excuse. 그건 형편없는 변명이야.
  It's not an excuse! 그건 변명이 아니야!

- **lie** 거짓말
  I know it's a lie. 그거 거짓말인 거 알아.
  She told me a lie. 걔는 나한테 거짓말을 했어.

STEP 3 핵심 패턴 익히기 | 방송을 시청하며 각 문장의 핵심 패턴을 익히세요.

A: **Why do you keep ignoring my texts?** 왜 내 문자 계속 무시해?
keep (~ing) 계속 (~ing)하다
Keep running! 계속 달리세요!
Why do you keep coughing? 너 왜 계속 기침해?

B: **I'm sorry. I've been busy with work.** 미안. 일 때문에 바빴어.
be busy + with (명사) (명사)로 바쁘다
I am busy with something. 나 뭔가로 바빠.
She is busy with her homework. 걔는 숙제로 바빠.

A: **It's always the same excuse!** 항상 같은 변명이야!
the same (명사) 같은 (명사)
These are the same colors. 이것들은 같은 색이야.
I have the same car. 나도 같은 자동차 있어.

B: **It's not a lie! I'm stressed, too!** 거짓말이 아니야! 나도 스트레스받아!
be stressed 스트레스를 받다
I was really stressed. 나 진짜 스트레스받았어.
Don't be so stressed. 그렇게 스트레스받지 마.

STEP 4 직접 손영작/입영작 | 핵심 패턴을 사용하여 손으로 영작하고 입으로 영작하세요.

1. 계속 걸으세요. _____

2. 그는 그의 에세이로 바빠. _____

3. 나도 같은 성을 가지고 있어. _____

4. 너 스트레스받니? _____

정답 | 1. Keep walking. 2. He is busy with his essay. 3. I have the same last name. 4. Are you stressed?

여행의 필수품 SIM 카드

여행

방송시청 ____회 ▶ 손영작 ____회 ▶ 입영작 ____회 ▶ 반복낭독 ____회

STEP 1

Today's Dialogue | 방송으로 대화를 들으며 빈칸에 알맞은 단어를 최대한 채워 보세요.

A: Where can I buy a _____? SIM 카드 어디서 살 수 있나요?

B: There's a shop just outside the _____.
공항 바로 밖에 가게가 있어요.

A: How _____ is it from here? 가게가 여기서 얼마나 멀어요?

B: It's about a 3-_____ walk. 걸어서 3분 정도 거리입니다.

STEP 2

빈칸 단어 익히기 | 예문으로 단어의 쓰임을 익히세요.

■ **SIM card** 휴대 전화의 SIM 카드
I need a SIM card. 저 SIM 카드 필요해요.
Did you buy a SIM card? 너 SIM 카드 샀어?

■ **airport** 공항
I am still at the airport. 나 아직 공항에 있어.
I am inside the airport. 나 공항 안에 있어.

■ **far** 먼 / 멀리
The airport is too far. 그 공항은 너무 멀어.
I live far from here. 나 여기서 멀리 살아.

■ **minute** 분
It takes 3 minutes. 3분 걸려.
10 minutes have passed. 10분이 지났어.

STEP 3 핵심 패턴 익히기 | 방송을 시청하며 각 문장의 핵심 패턴을 익히세요.

A: Where can I buy a SIM card? SIM 카드 어디서 살 수 있나요?
  Where (질문 어순)? 어디에/어디에서/어디로 (질문 어순)인가요?
  Where can I buy it? 그거 어디서 살 수 있나요?
  Where did you go? 너 어디 갔었어?

B: There's a shop just outside the airport. 공항 바로 밖에 가게가 있어요.
  outside (명사) (명사)의 밖에
  I am outside the building. 나 건물 밖에 있어.
  There is an ATM outside the building. 건물 밖에 ATM이 있어요.

A: How far is it from here? 가게가 여기서 얼마나 멀어요?
  How far is (명사) + from here? (명사)가 여기서 얼마나 멀어요?
  How far is the hotel from here? 그 호텔은 여기서 얼마나 멀어요?
  How far is the terminal from here? 그 터미널은 여기서 얼마나 멀어요?

B: It's about a 3-minute walk. 걸어서 3분 정도 거리입니다.
  It's a (숫자)-minute walk. 걸어서 (숫자)분 거리입니다.
  It's a 10-minute walk. 걸어서 10분 거리입니다.
  It was about a 5-minute walk. 걸어서 5분 정도 거리였어.

STEP 4 직접 손영작/입영작 | 핵심 패턴을 사용하여 손으로 영작하고 입으로 영작하세요.

1. 이 모자를 어디서 살 수 있나요?　_____

2. 우린 그 공항 밖에 있어.　_____

3. 그 우체국 여기서 얼마나 멀어요?　_____

4. 걸어서 30분 거리입니다.　_____

정답 | 1. Where can I buy this hat? 2. We are outside the airport. 3. How far is the post office from here? 4. It's a 30-minute walk.

DAY 021 자연스럽게 사라진 엄마 〔가정〕

방송시청 ____회 ▶ 손영작 ____회 ▶ 입영작 ____회 ▶ 반복낭독 ____회

STEP 1
Today's Dialogue | 방송으로 대화를 들으며 빈칸에 알맞은 단어를 최대한 채워 보세요.

A: Do you need some help with your _____?
숙제에 도움 좀 필요하니?

B: Yes, Mom. I'm stuck on this _____ problem.
네, 엄마. 이 수학 문제에 멈춰 있어요.

A: Um... Did you _____ say "math?"
음… 방금 '수학'이라고 했니?

B: Mom? Where are you going? _____!
엄마? 어디 가세요? 돌아와요!

STEP 2
빈칸 단어 익히기 | 예문으로 단어의 쓰임을 익히세요.

- **homework** 숙제
  I didn't do my homework. 나 숙제 안 했어.
  She gave us homework. 그녀가 우리한테 숙제를 내 줬어.

- **math** 수학
  Do you like math? 너 수학 좋아해?
  Math is my favorite subject. 수학은 내가 가장 좋아하는 과목이야.

- **just** 방금
  They just left. 걔네 방금 떠났어.
  I just got here. 나 여기 방금 왔어.

- **come back** 돌아오다
  Come back here. 여기로 돌아와.
  She came back to Korea. 걔는 한국으로 돌아왔어.

STEP 3 핵심 패턴 익히기 | 방송을 시청하며 각 문장의 핵심 패턴을 익히세요.

A: **Do you need some help with your homework?**
숙제에 도움 좀 필요하니?
Do you need help with (명사)? (명사)에 도움이 필요하니?
Do you need help with that? 그거에 도움이 필요하니?
Do you need help with the application? 그 신청서에 도움이 필요하세요?

B: **Yes, Mom. I'm stuck on this math problem.**
네, 엄마. 이 수학 문제에 멈춰 있어요.
be stuck + on (명사) (명사)에서 오도 가도 못하고 멈춰 있다
I am stuck on #7. 저 7번에서 멈춰 있어요.
Are you still stuck on the question? 너 그 질문에 아직도 멈춰 있니?

A: **Um... Did you just say "math?"** 음… 방금 '수학'이라고 했니?
Did you (동사원형)? 너 (동사원형)했니?
Did you just say "love?" 너 방금 "사랑"이라고 했어?
Did you see that? 너 저거 봤어?

B: **Mom? Where are you going? Come back!**
엄마? 어디 가세요? 돌아와요!
Where (질문 어순)? 어디에/어디에서/어디로 (질문 어순)이니?
Where do you live? 너 어디에서 살아?
Where are you going to go? 너 어디로 갈 거야?

STEP 4 직접 손영작/입영작 | 핵심 패턴을 사용하여 손으로 영작하고 입으로 영작하세요.

1. 네 에세이에 도움이 필요하니? _____

2. 저 이 질문에 멈춰 있어요. _____

3. 너 그 우유 마셨어? _____

4. 너 어디에서 일해? _____

정답 | 1. Do you need help with your essay? 2. I am stuck on this question. 3. Did you drink the milk? 4. Where do you work?

아이가 필요한 건 관심

방송시청 ____회 ▶ 손영작 ____회 ▶ 입영작 ____회 ▶ 반복낭독 ____회

STEP 1

Today's Dialogue | 방송으로 대화를 들으며 빈칸에 알맞은 단어를 최대한 채워 보세요.

A: How is my _____ doing in class?
제 아이가 수업 중에 어떻게 하고 있나요?

B: He's doing _____, but he needs to study harder. 잘하고 있는데, 더 열심히 공부해야 합니다.

A: Do you think he needs a _____? 과외 선생님이 필요할까요?

B: No, but he does need your _____.
아뇨, 그렇지만 부모님의 관심이 필요하긴 합니다.

STEP 2

빈칸 단어 익히기 | 예문으로 단어의 쓰임을 익히세요.

- **child** 아이
  My child is a bit shy. 제 아이는 좀 수줍어해요.
  There are many children. 아이들이 많아.

- **well** 잘
  He sings well. 걔는 노래를 잘해.
  We are doing well. 우린 잘하고 있어. (→ 잘 지내.)

- **private tutor** 과외 선생님
  I don't need a private tutor. 난 과외 선생님이 필요 없어.
  They hired a private tutor. 그들은 과외 선생님을 고용했어.

- **attention** 관심
  She needs your attention. 걔는 네 관심이 필요해.
  It caught our attention. 그건 우리의 관심을 끌었어.

STEP 3 핵심 패턴 익히기 | 방송을 시청하며 각 문장의 핵심 패턴을 익히세요.

A: **How is my child doing in class?** 제 아이가 수업 중에 어떻게 하고 있나요?
How (질문 어순)? 어떻게 (질문 어순)이니?
How are you doing at work? 회사에서 어떻게 하고 있어? (→ 회사일 좀 어때?)
How can I help? 제가 어떻게 도울 수 있을까요?

B: **He's doing well, but he needs to study harder.**
잘하고 있는데, 더 열심히 공부해야 합니다.
need to (동사원형) (동사원형)할 필요가 있다 / (동사원형)해야 한다
You need to calm down. 넌 침착할 필요가 있어.
She needs to work hard. 걔는 열심히 일해야 해.

A: **Do you think he needs a private tutor?** 과외 선생님이 필요할까요?
Do you think + (평서문)? (평서문)이라고 생각해요? / (평서문)인 거 같아요?
Do you think this is yellow? 넌 이게 노란색이라고 생각해?
Do you think I need help? 내가 도움이 필요한 거 같아?

B: **No, but he does need your attention.**
아뇨, 그렇지만 부모님의 관심이 필요하긴 합니다.
do/does (동사원형) (동사원형)하긴 한다 / (동사원형) 안 하는 게 아니다
I do need money. 나 돈이 필요하긴 해.
She does call me. 걔가 나한테 전화 안 하는 건 아니야.

STEP 4 직접 손영작/입영작 | 핵심 패턴을 사용하여 손으로 영작하고 입으로 영작하세요.

1. 너 어떻게 날 찾았어? _____

2. 넌 영어를 공부할 필요가 있어. _____

3. 그녀가 바쁘다고 생각해? _____

4. 나 열심히 일하긴 해. _____

정답 | 1. How did you find me? 2. You need to study English. 3. Do you think she is busy? 4. I do work hard.

DAY 023 직설적인 우리 수학 선생님

직업

방송시청 ___회 ▶ 손영작 ___회 ▶ 입영작 ___회 ▶ 반복낭독 ___회

STEP 1

Today's Dialogue | 방송으로 대화를 들으며 빈칸에 알맞은 단어를 최대한 채워 보세요.

A: Did you do your _____, Peter? 숙제했니, Peter?

B: I did, but the questions were too _____.
하긴 했는데 문제들이 너무 어려웠어요.

A: You must try harder, or you will _____ the test. 더 열심히 노력하지 않으면 시험 낙제할 거야.

B: Gosh, who _____ math? 휴, 누가 수학을 발명한 거죠?

STEP 2

빈칸 단어 익히기 | 예문으로 단어의 쓰임을 익히세요.

■ **homework** 숙제
Here's your homework. 여기 네 숙제가 있어.
Oh, no. I forgot my homework. 아, 이런. 숙제를 잊었네.

■ **difficult** 어려운
It's a difficult question. 그건 어려운 질문이야.
These are not so difficult. 이것들은 그렇게 어렵진 않아.

■ **flunk** 낙제하다
I flunked the exam. 나 그 시험 낙제했어.
I can't flunk this class. 나 이 수업 낙제하면 안 돼.

■ **invent** 발명하다, 고안하다
He invented the smartphone. 그는 스마트폰을 발명했어.
Mayu invented Verbal Writing. 마유가 입영작을 고안했어.

STEP 3 핵심 패턴 익히기 | 방송을 시청하며 각 문장의 핵심 패턴을 익히세요.

A: **Did you do your homework, Peter?** 숙제했니, Peter?
do one's homework 숙제를 하다
I didn't do my homework. 나 숙제 안 했어.
Do your homework right now. 당장 숙제를 해.

B: **I did, but the questions were too difficult.**
하긴 했는데 문제들이 너무 어려웠어요.
too (형용사) 너무 (형용사)한
It was too dark. 너무 어두웠어.
The ceiling is too high. 천장이 너무 높아.

A: **You must try harder, or you will flunk the test.**
더 열심히 노력하지 않으면 시험 낙제할 거야.
, or ~하지 않으면, 안 그러면
Study hard, or you will get an F. 열심히 공부해. 안 그러면 너 F 받을 거야.
Eat it, or I will be mad. 그걸 먹지 않으면 난 화가 날 거야.

B: **Gosh, who invented math?** 휴, 누가 수학을 발명한 거죠?
Who (동사)? 누가 (동사)하니?
Who called you? 누가 너한테 전화했어?
Who lives here? 누가 여기 살아?

STEP 4 직접 손영작/입영작 | 핵심 패턴을 사용하여 손으로 영작하고 입으로 영작하세요.

1. Jane은 숙제를 했어. _____

2. 너무 추워! _____

3. 서둘러, 안 그러면 우린 늦을 거야. _____

4. 누가 널 도와줬니? _____

정답 | 1. Jane did her homework. 2. It's too cold! 3. Hurry up, or we will be late. 4. Who helped you?

DAY 024 콜라보 프로젝트를 마치고 나서

관계

방송시청 ____회 ▶ 손영작 ____회 ▶ 입영작 ____회 ▶ 반복낭독 ____회

STEP 1

Today's Dialogue | 방송으로 대화를 들으며 빈칸에 알맞은 단어를 최대한 채워 보세요.

A: I'm happy we finished the _____.
프로젝트를 다 마쳐서 좋네요.

B: _____! It was nice working with you.
저도요! 사장님과 일해서 좋았습니다.

B: I learned _____ from you. 사장님께 많이 배웠어요.

A: I look forward to working with you _____, too. 저도 과장님과 다시 일하길 고대합니다.

STEP 2

빈칸 단어 익히기 | 예문으로 단어의 쓰임을 익히세요.

- **project** 프로젝트
  We have a big project. 우린 큰 프로젝트가 있어.
  This project is important. 이 프로젝트는 중요해.

- **Me too.** 저도요.
  A: I am tired. / B: Me too. A: 나 피곤해. / B: 나도.
  A: I am sad. / B: Me too. A: 저 슬퍼요. / B: 저도요.

- **a lot** 많이
  I ate a lot. 나 많이 먹었어.
  We laughed a lot. 우리 많이 웃었어.

- **again** 다시, 또
  Do it again. 그거 다시 해.
  She fell again. 걔는 또 넘어졌어.

STEP 3 핵심 패턴 익히기 | 방송을 시청하며 각 문장의 핵심 패턴을 익히세요.

A: **I'm happy we finished the project.** 프로젝트를 다 마쳐서 좋네요.
I'm happy + (평서문). (평서문)이라 좋네요/기뻐요.
I'm happy you like it. 네가 그걸 맘에 들어 해서 좋아.
I'm happy you are here. 네가 여기 와서 기뻐.

B: **Me too! It was nice working with you.**
저도요! 사장님과 일해서 좋았습니다.
It was nice (~ing). (~ing)해서 좋았습니다.
It was nice meeting you. 만나서 좋았습니다.
It was nice working here. 여기서 일해서 좋았어요.

B: **I learned a lot from you.** 사장님께 많이 배웠어요.
learn + from (목적어) (목적어)에게 배우다
I learned from Mayu. 전 마유에게서 배웠어요.
She learned a lot from her parents. 그녀는 부모님에게서 많이 배웠어.

A: **I look forward to working with you again, too.**
저도 과장님과 다시 일하길 고대합니다.
look forward + to (~ing) (~ing)하길 고대하다
I look forward to meeting you again. 당신을 다시 만나길 고대합니다.
I look forward to studying with you. 당신과 공부하길 고대해요.

STEP 4 직접 손영작/입영작 | 핵심 패턴을 사용하여 손으로 영작하고 입으로 영작하세요.

1. 네가 내 선물을 좋아해서 기뻐. _____

2. 당신과 얘기해서 좋았습니다. _____

3. 그는 Peter에게서 배웠어. _____

4. 당신을 방문하길 고대합니다. _____

정답 | 1. I'm happy you like my gift. 2. It was nice talking to you. 3. He learned from Peter. 4. I look forward to visiting you.

DAY 025 맨해튼에 왔으면 Little Italy는 가 보자 여행

방송시청 ____ 회 ▶ 손영작 ____ 회 ▶ 입영작 ____ 회 ▶ 반복낭독 ____ 회

STEP 1
Today's Dialogue | 방송으로 대화를 들으며 빈칸에 알맞은 단어를 최대한 채워 보세요.

A: What's a good _____ to visit in the city?
시내에 방문할 만한 괜찮은 곳이 뭐가 있죠?

B: Have you been to _____? Little Italy 가 본 적 있어요?

A: No, how do I get _____? 아뇨, 어떻게 가는데요?

B: Take the subway. It's the 5th _____.
지하철을 타세요. 다섯 번째 정류장입니다.

STEP 2
빈칸 단어 익히기 | 예문으로 단어의 쓰임을 익히세요.

- **place** 장소, 곳
  It's a small place. 거긴 작은 곳이야.
  I hate this place! 난 이곳이 싫어!

- **Little Italy** 맨해튼 소재의 이탈리아 동네
  I couldn't find Little Italy. 난 Little Italy를 찾을 수가 없었어.
  Where is Little Italy? Little Italy가 어디죠?

- **there** 거기, 거기에, 거기로
  I live there. 나 거기에 살아.
  I went there yesterday. 나 어제 거기 갔었어.

- **stop** 정류장
  It's the 2nd stop. 두 번째 정류장이에요.
  Where is the bus stop? 버스 정류장이 어디죠?

STEP 3 핵심 패턴 익히기 | 방송을 시청하며 각 문장의 핵심 패턴을 익히세요.

A: **What's a good place to visit in the city?**
시내에 방문할 만한 괜찮은 곳이 뭐가 있죠?
to (동사원형) (동사원형)할/할 만한
What's a good place to go? 갈 만한 괜찮은 곳이 뭐가 있어?
What's a good movie to watch? 볼만한 괜찮은 영화가 뭐가 있니?

B: **Have you been to Little Italy?** Little Italy 가 본 적 있어요?
have been + to (명사) (명사)에 가 본 적 있다
I have been to Jeju-do. 나 제주도 가 본 적 있어.
Have you been to Busan? 너 부산 가 본 적 있니?

A: **No, how do I get there?** 아뇨, 어떻게 가는데요?
How do I get + to (명사)? (명사)에 어떻게 가요?
How do I get to the gallery? 그 갤러리에 어떻게 가요?
How do I get to the aquarium? 그 수족관에 어떻게 가요?

B: **Take the subway. It's the 5th stop.**
지하철을 타세요. 다섯 번째 정류장입니다.
take the subway 지하철을 타다/이용하다
I took the subway. 나 지하철 탔어.
Let's just take the subway. 그냥 지하철 타자.

STEP 4 직접 손영작/입영작 | 핵심 패턴을 사용하여 손으로 영작하고 입으로 영작하세요.

1. LA에 갈 만한 괜찮은 곳이 뭐가 있어? _____

2. 너 거기에 가 본 적 있어? _____

3. 그 극장에 어떻게 가요? _____

4. 너 지하철 탔어? _____

정답 | 1. What's a good place to go in LA? 2. Have you been there? 3. How do I get to the theater? 4. Did you take the subway?

DAY 026 그러게 집에 좀 일찍 들어오지 ‹가정›

방송시청 ____회 ▶ 손영작 ____회 ▶ 입영작 ____회 ▶ 반복낭독 ____회

STEP 1

Today's Dialogue | 방송으로 대화를 들으며 빈칸에 알맞은 단어를 최대한 채워 보세요.

A: Don't forget to _____ your teeth. 이 닦는 거 잊지 마.

B: Can I _____ do it in the morning?
그냥 아침에 닦으면 안 돼?

A: Don't be _____. We already talked about this.
게으름 피우지 마. 이거에 대해 벌써 얘기했잖아.

B: I can't move. I'm _____. 못 움직이겠어. 죽도록 피곤해.

STEP 2

빈칸 단어 익히기 | 예문으로 단어의 쓰임을 익히세요.

■ **brush** (머리를) 빗다, (이를) 닦다
I am brushing my hair. 나 머리 빗고 있어.
Did you brush your teeth? 너 이 닦았어?

■ **just** 그냥
Just go. 그냥 가.
Just give me your number. 그냥 네 번호를 줘.

■ **lazy** 게으른
My husband is lazy. 우리 남편은 게을러.
I am not a lazy man. 난 게으른 남자가 아니야.

■ **dead tired** 죽도록 피곤한
I was dead tired. 나 죽도록 피곤했어.
All of us were dead tired. 우리 다 죽도록 피곤했어.

STEP 3 핵심 패턴 익히기 | 방송을 시청하며 각 문장의 핵심 패턴을 익히세요.

A: **Don't forget to brush your teeth.** 이 닦는 거 잊지 마.
  forget + to (동사원형) (동사원형)하는 걸 잊다
  I forgot to eat. 나 먹는 걸 잊었어.
  Don't forget to wear this. 이거 입는 걸 잊지 마.

B: **Can I just do it in the morning?** 그냥 아침에 닦으면 안 돼?
  in the morning 아침에
  I woke up late in the morning. 나 아침에 늦게 일어났어.
  Just do it in the morning. 그거 그냥 아침에 해.

A: **Don't be lazy. We already talked about this.**
  게으름 피우지 마. 이거에 대해 벌써 얘기했잖아.
  Don't be (형용사). (형용사)하게 굴지 마.
  Don't be greedy. 욕심부리지 마.
  Don't be late. 늦지 마.

B: **I can't move. I'm dead tired.** 못 움직이겠어. 죽도록 피곤해.
  can't (동사원형) (동사원형)할 수 없다
  I can't move my arms. 팔을 못 움직이겠어.
  She can't come. 걔는 못 와.

STEP 4 직접 손영작/입영작 | 핵심 패턴을 사용하여 손으로 영작하고 입으로 영작하세요.

1. 숙제하는 거 잊지 마. _____

2. 내가 아침에 너한테 전화할게. _____

3. 슬퍼하지 마. _____

4. 나 목을 못 움직이겠어. _____

정답 | 1. Don't forget to do your homework. 2. I will call you in the morning. 3. Don't be sad. 4. I can't move my neck.

DAY 027 오늘 운동 좀 많이 하시겠군

일상

방송시청 ____ 회 ▶ 손영작 ____ 회 ▶ 입영작 ____ 회 ▶ 반복낭독 ____ 회

STEP 1
Today's Dialogue | 방송으로 대화를 들으며 빈칸에 알맞은 단어를 최대한 채워 보세요.

A: **Are you going to the _____?** 너 헬스클럽 가?

B: **No, I'm afraid to see my _____.**
아니, 트레이너 보기가 두려워.

A: **Did you do something _____?** 뭔가를 잘못한 거야?

B: **Yeah, I ate noodles and _____ last night.**
어, 어젯밤에 면이랑 밥을 먹었어.

STEP 2
빈칸 단어 익히기 | 예문으로 단어의 쓰임을 익히세요.

- **gym** 헬스클럽
  I went to the gym. 나 헬스클럽 갔어.
  I hate going to the gym. 나 헬스클럽 가는 거 싫어.

- **trainer** 트레이너
  Who is your trainer? 네 트레이너가 누군데?
  My trainer texted me. 내 트레이너가 문자를 보냈어.

- **wrong** 잘못된, 틀린
  What's wrong? 뭐가 잘못됐니? (→ 무슨 문제야?)
  It was the wrong address. 그건 틀린 주소였어.

- **rice** 쌀, 밥
  We need more rice. 우린 쌀이 더 필요해.
  I like fried rice. 난 볶음밥이 좋아.

STEP 3 핵심 패턴 익히기 | 방송을 시청하며 각 문장의 핵심 패턴을 익히세요.

A: **Are you going to the gym?** 너 헬스클럽 가?
Are you going + to (명사)? 너 (명사)에 가니?
Are you going to school soon? 너 곧 학교 가니?
Are you going to work today? 너 오늘 일 가?

B: **No, I'm afraid to see my trainer.** 아니, 트레이너 보기가 두려워.
be afraid + to (동사원형) (동사원형)하는 게 두렵다/무섭다
I am afraid to go home. 나 집에 가는 게 두려워.
I am afraid to see my girlfriend. 내 여자 친구 보는 게 무서워.

A: **Did you do something wrong?** 뭔가를 잘못한 거야?
do something wrong 뭔가를 잘못하다
She did something wrong. 걔는 뭔가를 잘못했어.
Did I do something wrong? 제가 뭔가를 잘못했나요?

B: **Yeah, I ate noodles and rice last night.**
어, 어젯밤에 면이랑 밥을 먹었어.
last night 어젯밤, 어젯밤에
I called him last night. 나 어젯밤에 걔한테 전화했어.
Something happened last night. 어젯밤에 뭔가 벌어졌어.

STEP 4 직접 손영작/입영작 | 핵심 패턴을 사용하여 손으로 영작하고 입으로 영작하세요.

1. 너 내일 일 가니? _____

2. 난 그녀와 얘기하는 게 두려워. _____

3. Wendy가 뭔가를 잘못했어. _____

4. 나 어젯밤에 잠을 잘 수가 없었어. _____

정답 | 1. Are you going to work tomorrow? 2. I am afraid to talk to her. 3. Wendy did something wrong. 4. I couldn't sleep last night.

좀 멀기는 한데 고민되네

직업

방송시청 ____회 ▶ 손영작 ____회 ▶ 입영작 ____회 ▶ 반복낭독 ____회

STEP 1

Today's Dialogue | 방송으로 대화를 들으며 빈칸에 알맞은 단어를 최대한 채워 보세요.

A: Are you still looking for a _____? 아직 일자리 찾고 있니?

B: Yeah, I've sent my _____ to a few places.
네, 이력서를 몇 군데 보냈어요.

A: If you want, you can _____ for me.
원하면 삼촌 밑에서 일해도 되는데.

B: Let me think about it, _____ Peter.
생각 좀 해 볼게요, Peter 삼촌.

STEP 2

빈칸 단어 익히기 | 예문으로 단어의 쓰임을 익히세요.

- **job** 직업, 일자리, 임무
  I need a job. 난 일자리가 필요해.
  I am just doing my job. 전 그냥 제 임무를 할 뿐이에요.

- **resume** 이력서
  I'm writing my resume. 나 이력서 쓰는 중이야.
  Send us your resume. 저희에게 이력서 보내 주세요.

- **work** 일하다
  I have to work tomorrow. 나 내일 일해야 돼.
  Lisa doesn't want to work. Lisa는 일하고 싶어 하지 않아.

- **uncle** 삼촌
  Is that your uncle? 저분이 네 삼촌이니?
  My uncle is a designer. 저희 삼촌은 디자이너예요.

STEP 3 핵심 패턴 익히기 | 방송을 시청하며 각 문장의 핵심 패턴을 익히세요.

A: **Are you still looking for a job?** 아직 일자리 찾고 있니?
　　be (~ing)　(~ing)하고 있다
　　Are you having dinner? 너 저녁 먹고 있니?
　　I am writing a book. 나 책 쓰고 있어.

B: **Yeah, I've sent my resume to a few places.**
　　네, 이력서를 몇 군데 보냈어요.
　　a few (복수명사)　(복수명사) 몇 개
　　I know a few places. 나 몇 군데 알아.
　　They hired a few people. 그들이 몇 명을 고용했어.

A: **If you want, you can work for me.** 원하면 삼촌 밑에서 일해도 되는데.
　　if you want　원한다면
　　If you want, you can stay here. 원하면 너 여기 있어도 돼.
　　Call me if you want. 원하면 나한테 전화해.

B: **Let me think about it, Uncle Peter.** 생각 좀 해 볼게요, Peter 삼촌.
　　Let me (동사원형).　(동사원형)할게요.
　　Let me give you a call. 전화 드릴게요.
　　Let me buy you a drink. 한잔 사 드릴게요.

STEP 4 직접 손영작/입영작 | 핵심 패턴을 사용하여 손으로 영작하고 입으로 영작하세요.

1. 내 아기가 울고 있어. _____
2. 난 학생 몇 명을 가르치고 있어. _____
3. 원하면 너 그거 먹어도 돼. _____
4. 당신을 도와드릴게요. _____

정답 | 1. My baby is crying. 2. I am teaching a few students. 3. If you want, you can eat it. 4. Let me help you.

실망이란 말이 가장 무서워

방송시청 _____ 회 ▶ 손영작 _____ 회 ▶ 입영작 _____ 회 ▶ 반복낭독 _____ 회

STEP 1

Today's Dialogue | 방송으로 대화를 들으며 빈칸에 알맞은 단어를 최대한 채워 보세요.

A: I can't believe you forgot our _____.
우리 기념일을 잊다니 못 믿겠다, 정말.

B: I'm so sorry... It _____ slipped my mind.
진짜 미안해… 완전 깜빡했어.

B: _____ make it up to you! 만회하게 해 줘!

A: Just know that I'm really _____ this time.
이번엔 진짜 실망했다는 것만 알아 둬.

STEP 2

빈칸 단어 익히기 | 예문으로 단어의 쓰임을 익히세요.

■ **anniversary** 기념일
It's our anniversary today. 오늘이 우리 기념일이야.
When is your wedding anniversary? 너희 결혼기념일이 언제니?

■ **completely** 완전히
I completely forgot! 나 완전히 잊었어!
We are completely lost. 우리 완전히 길을 잃었어.

■ **Let me ~** ~하게 해 줘, ~할게
Let me use your phone. 네 전화기를 쓰게 해 줘.
Let me try again. 다시 시도해 볼게.

■ **disappointed** 실망한
We are disappointed. 우린 실망했어.
Are you disappointed in me? 저한테 실망했어요?

STEP 3 핵심 패턴 익히기 | 방송을 시청하며 각 문장의 핵심 패턴을 익히세요.

A: **I can't believe you forgot our anniversary.**
우리 기념일을 잊다니 못 믿겠다, 정말.
I can't believe + (평서문). (평서문)이라는 걸 못 믿겠네.
I can't believe you are here! 네가 여기 있다는 걸 못 믿겠어!
I can't believe I forgot her name. 내가 그녀의 이름을 잊었다니 못 믿겠네.

B: **I'm so sorry... It completely slipped my mind.**
진짜 미안해… 완전 깜빡했어.
slip one's mind 깜빡하다
It just slipped my mind. 그냥 깜빡해 버렸어.
Her name slipped his mind. 그는 그녀의 이름을 깜빡했어.

B: **Let me make it up to you!** 만회하게 해 줘!
make it up + to (목적어) (목적어)에게 만회하다
I really want to make it up to you, sir. 나는 선생님께 정말 만회하고 싶어요.
He wants to make it up to you. 그는 너에게 만회하고 싶어 해.

A: **Just know that I'm really disappointed this time.**
이번엔 진짜 실망했다는 것만 알아 둬.
this time 이번에는
Do a good job this time. 이번엔 잘해.
I won't make a mistake this time. 이번엔 실수 안 할 거야.

STEP 4 직접 손영작/입영작 | 핵심 패턴을 사용하여 손으로 영작하고 입으로 영작하세요.

1. 이게 전화기라니 못 믿겠네! _____

2. 난 그의 이름을 깜빡했어. _____

3. 난 그들에게 만회하고 싶어. _____

4. 그는 이번에는 잘했어. _____

정답 | 1. I can't believe this is a phone! 2. His name slipped my mind. 3. I want to make it up to them. 4. He did well this time.

DAY 030 개장 요일과 시간을 물어보자   여행

방송시청 ____ 회 ▶ 손영작 ____ 회 ▶ 입영작 ____ 회 ▶ 반복낭독 ____ 회

STEP 1
Today's Dialogue | 방송으로 대화를 들으며 빈칸에 알맞은 단어를 최대한 채워 보세요.

A: What time does the _____ open? 박물관 몇 시에 열어요?

B: We _____ at 9 a.m., Monday through Friday.
월요일부터 금요일까지 오전 9시에 열어요.

A: Do you open on Saturdays, _____?
매주 토요일에도 여세요?

B: Unfortunately, we are _____ on Saturdays and Sundays. 아쉽게도, 매주 토요일과 일요일엔 닫아요.

STEP 2
빈칸 단어 익히기 | 예문으로 단어의 쓰임을 익히세요.

- **museum** 박물관
  It was a huge museum! 엄청 큰 박물관이었어!
  There were many people at the museum. 박물관에 사람이 많았어.

- **open** 열다, 열리다
  We opened at 10 today. 저희 오늘 10시에 열었어요.
  The door opened. 그 문이 열렸어.

- **too** 또한, ~도
  Does she work here, too? 걔도 여기서 일해?
  I am Korean, too. 저도 한국 사람이에요.

- **closed** 닫힌
  They are closed today. 거기는 오늘 닫았어.
  The doors are closed. 문이 닫혀 있어.

STEP 3 핵심 패턴 익히기 | 방송을 시청하며 각 문장의 핵심 패턴을 익히세요.

A: **What time does the museum open?** 박물관 몇 시에 열어요?
What time (질문 어순)? 몇 시에 (질문 어순)이죠?
What time do you open? 몇 시에 여시죠?
What time did you go to bed? 너 몇 시에 잠자리에 들었어?

B: **We open at 9 a.m., Monday through Friday.**
월요일부터 금요일까지 오전 9시에 열어요.
(시기1) through (시기2) (시기1)부터 (시기2)까지
I work Monday through Wednesday. 전 월요일부터 수요일까지 일해요.
I will be here April through May. 저희는 4월부터 5월까지 여기 있을 거예요.

A: **Do you open on Saturdays, too?** 매주 토요일에도 여세요?
on (요일)s 매주 (요일)에
I have a yoga lesson on Sundays. 나 매주 일요일에 요가 레슨 있어.
Do you open on Fridays? 매주 금요일에 여세요?

B: **Unfortunately, we are closed on Saturdays and Sundays.**
아쉽게도, 매주 토요일과 일요일엔 닫아요.
unfortunately 아쉽게도, 유감스럽게도, 불행하게도
Unfortunately, she had to leave early. 아쉽게도, 걔는 일찍 가야 했어.
Unfortunately, we don't have a room. 유감스럽게도, 방이 없습니다.

STEP 4 직접 손영작/입영작 | 핵심 패턴을 사용하여 손으로 영작하고 입으로 영작하세요.

1. 너 몇 시에 올 수 있어? _____

2. 나 수요일에서 금요일까지 일해. _____

3. 나 매주 화요일에 헬스클럽에 가. _____

4. 아쉽게도, 그건 판매 중이 아닙니다. _____

정답 | 1. What time can you come? 2. I work Wednesday through Friday. 3. I go to the gym on Tuesdays. 4. Unfortunately, it's not for sale.

DAY 031 오빠 성격을 알아서 안 물어본 거야

가정

방송시청 ____회 ▶ 손영작 ____회 ▶ 입영작 ____회 ▶ 반복낭독 ____회

STEP 1

Today's Dialogue | 방송으로 대화를 들으며 빈칸에 알맞은 단어를 최대한 채워 보세요.

A: **Amy, did you go through my _____?**
Amy, 너 내 가방 뒤졌어?

B: **I was looking for my _____ doll.**
내 토끼 인형을 찾고 있었어.

A: **You could've just _____ me.**
그냥 나한테 물어볼 수도 있었잖아.

B: **You never let me _____ your stuff!**
절대 오빠 물건 못 만지게 하잖아!

STEP 2

빈칸 단어 익히기 | 예문으로 단어의 쓰임을 익히세요.

- **bag** 가방
  I have lost my bag. 나 가방 잃어버렸어.
  This bag is too small. 이 가방은 너무 작아.

- **rabbit** 토끼
  Rabbits are so cute! 토끼들은 엄청 귀여워!
  She has a rabbit. 걔는 토끼를 키워.

- **ask** 물어보다, 부탁하다
  Don't ask us. 저희한테 물어보지 마세요.
  I asked the gentleman. 난 그 남자분께 부탁했어.

- **touch** 만지다, 건드리다
  She touched my car. 걔가 내 차를 만졌어.
  Don't touch me. 나 건드리지 마.

STEP 3 핵심 패턴 익히기 | 방송을 시청하며 각 문장의 핵심 패턴을 익히세요.

A: Amy, did you go through my bag? Amy, 너 내 가방 뒤졌어?
go through (명사) (명사)를 뒤져 보다
She went through my emails. 걔가 내 이메일을 뒤졌어.
Don't go through my bag. 내 가방 뒤져 보지 마.

B: I was looking for my rabbit doll. 내 토끼 인형을 찾고 있었어.
was/were (~ing) (~ing)하고 있었다
I was sleeping. 나 자고 있었어.
We were playing a game. 우리 게임하고 있었어.

A: You could've just asked me. 그냥 나한테 물어볼 수도 있었잖아.
could have (p.p.) (p.p.)할 수도 있었다
You could have called me! 너 나한테 전화할 수도 있었잖아!
She could have waited. 걔는 기다릴 수도 있었어.

B: You never let me touch your stuff! 절대 오빠 물건 못 만지게 하잖아!
let (목적어) (동사원형) (목적어)를 (동사원형)하게 허락하다/두다
She let me use her pen. 걔가 나한테 펜을 쓰게 해 줬어.
Don't let him come in. 그가 들어오게 두지 마.

STEP 4 직접 손영작/입영작 | 핵심 패턴을 사용하여 손으로 영작하고 입으로 영작하세요.

1. 너 내 전화기 뒤져 봤니? _____

2. Peter는 축구를 하고 있었어. _____

3. 너 날 도와줄 수도 있었잖아! _____

4. 그녀는 내가 집에 가게 해 줬어. _____

정답 | 1. Did you go through my phone? 2. Peter was playing soccer. 3. You could have helped me! 4. She let me go home.

DAY 032 너 솔직히 레슨받기 싫구나?

일상

방송시청 _____ 회 ▶ 손영작 _____ 회 ▶ 입영작 _____ 회 ▶ 반복낭독 _____ 회

STEP 1

Today's Dialogue | 방송으로 대화를 들으며 빈칸에 알맞은 단어를 최대한 채워 보세요.

A: Are you ready for your piano _____?
피아노 레슨 준비 됐니?

B: Wait. My _____ is playing hide-and-seek with me. 잠깐만요. 제 음악책을 못 찾겠어요.

B: I swear I left it on my _____. 맹세하고 책상 위에 놔뒀는데.

A: Then, what's that on the _____? 그럼, 책장에 저건 뭐니?

STEP 2

빈칸 단어 익히기 | 예문으로 단어의 쓰임을 익히세요.

■ **lesson** 레슨
I have a lesson today. 나 오늘 레슨 있어.
How much is each lesson? 레슨 당 얼마예요?

■ **music book** 음악책
Where is your music book? 네 음악책 어디 갔어?
I opened my music book. 난 내 음악책을 폈어.

■ **desk** 책상
I bought a new desk. 나 새 책상 샀어.
I am at my desk. 저 제 책상에 있는데요.

■ **bookshelf** 책장
The bookshelf was heavy. 그 책장은 무거웠어.
There are books on the bookshelf. 책장에 책들이 있어.

STEP 3 핵심 패턴 익히기 | 방송을 시청하며 각 문장의 핵심 패턴을 익히세요.

A: Are you ready for your piano lesson? 피아노 레슨 준비 됐니?

be ready + for (명사)   (명사)에 대한 준비가 되어 있다

I am not ready for this. 난 이거에 대한 준비가 안 돼 있어.

Are you ready for the show? 쇼를 즐길 준비가 되셨나요?

B: Wait. My music book is playing hide-and-seek with me.
잠깐만요. 제 음악책을 못 찾겠어요.

play hide-and-seek   숨바꼭질하다

Do you want to play hide-and-seek? 숨바꼭질할래?

It's time to play hide-and-seek! 숨바꼭질할 시간이야!

B: I swear I left it on my desk. 맹세하고 책상 위에 놔뒀는데.

I swear + (평서문).   맹세하고 (평서문)이야.

I swear I saw it here. 나 맹세하고 그거 여기서 봤어.

I swear I didn't do it. 나 맹세하고 안 그랬어.

A: Then, what's that on the bookshelf? 그럼, 책장에 저건 뭐니?

on (명사)   (명사) 위에

It's on the desk. 그거 책상 위에 있어.

What's that on the sofa? 소파 위에 저건 뭐야?

STEP 4 직접 손영작/입영작 | 핵심 패턴을 사용하여 손으로 영작하고 입으로 영작하세요.

1. 너 그 파티에 대해 준비됐니? _____

2. 우린 숨바꼭질했어. _____

3. 나 맹세하고 숙제했어. _____

4. 차 위에 저건 뭐야? _____

정답 | 1. Are you ready for the party? 2. We played hide-and-seek. 3. I swear I did my homework. 4. What's that on the car?

책을 쓰는 창작의 고통

방송시청 _____ 회 ▶ 손영작 _____ 회 ▶ 입영작 _____ 회 ▶ 반복낭독 _____ 회

STEP 1
Today's Dialogue | 방송으로 대화를 들으며 빈칸에 알맞은 단어를 최대한 채워 보세요.

A: **You look so _____. What are you doing?**
엄청 바빠 보이네. 뭐 하고 있어?

B: **I'm writing a book. The _____ is coming up.**
책 쓰는 중이야. 마감일이 다가오고 있어.

B: **I have to finish it by _____.** 다음 주까지 마쳐야 돼.

A: **_____, how do you do that every month?**
휴, 어떻게 그걸 매달 하니?

STEP 2
빈칸 단어 익히기 | 예문으로 단어의 쓰임을 익히세요.

■ **busy** 바쁜
My husband is always busy. 우리 남편은 항상 바빠.
I am not busy tomorrow. 나 내일은 안 바빠.

■ **deadline** 마감일
When is the deadline? 마감일이 언제야?
Tomorrow is the deadline. 내일이 마감일이야.

■ **next week** 다음 주 / 다음 주에
My birthday is next week. 내 생일이 다음 주야.
I will see you next week. 다음 주에 보자.

■ **gosh** 어휴, 맙소사
Gosh, I am so tired. 어휴, 나 엄청 피곤해.
Gosh, I am hungry. 어휴, 나 배고파.

STEP 3 핵심 패턴 익히기 | 방송을 시청하며 각 문장의 핵심 패턴을 익히세요.

A: You look so busy. What are you doing? 엄청 바빠 보이네. 뭐 하고 있어?

look (형용사) (형용사)해 보이다

You look different. 너 달라 보여.

She looks annoyed. 걔는 짜증나 보여.

B: I'm writing a book. The deadline is coming up.
책 쓰는 중이야. 마감일이 다가오고 있어.

coming up 다가오는

The seminar is coming up. 세미나가 다가와.

Your birthday is coming up. 네 생일이 다가오네.

B: I have to finish it by next week. 다음 주까지 마쳐야 돼.

by (시기) (시기)까지

Finish it by tomorrow. 그거 내일까지 마쳐.

I can get there by 9. 나 거기 9시까지 도착할 수 있어.

A: Gosh, how do you do that every month? 휴, 어떻게 그걸 매달 하니?

every (명사) (명사)마다, 매(명사)

I go there every Friday. 나 거기 금요일마다 가.

I do that every day. 나 그거 매일 해.

STEP 4 직접 손영작/입영작 | 핵심 패턴을 사용하여 손으로 영작하고 입으로 영작하세요.

1. 그들은 행복해 보여. _____

2. 우리의 기념일이 다가와. _____

3. 그걸 토요일까지 마쳐. _____

4. 나 여기 일요일마다 와. _____

정답 | 1. They look happy. 2. Our anniversary is coming up. 3. Finish it by Saturday. 4. I come here every Sunday.

항상 나 혼자 말하는 기분이야

 관계

방송시청 _____ 회 ▶ 손영작 _____ 회 ▶ 입영작 _____ 회 ▶ 반복낭독 _____ 회

STEP 1

Today's Dialogue | 방송으로 대화를 들으며 빈칸에 알맞은 단어를 최대한 채워 보세요.

A: **I feel like you _____ listen to me.**
자기는 내 말을 절대 안 듣는 거 같은 기분이 들어.

B: **What do you mean? I _____ listen to you.**
무슨 말이야? 항상 듣는데.

A: **Then, what was I just _____?** 그럼 내가 방금 뭐라고 했는데?

B: **You were saying... you _____ me...?**
날 사랑한다고… 했나…?

STEP 2

빈칸 단어 익히기 | 예문으로 단어의 쓰임을 익히세요.

- **never** 절대 아닌
  I never lie. 난 절대 거짓말 안 해.
  She never eats veggies. 걔는 절대 채소를 안 먹어.

- **always** 항상
  You are always late! 자긴 항상 늦어!
  It's always the same. 그건 항상 같아.

- **say** 말하다
  Don't say that. 그걸 말하지 마. (→ 그렇게 말하지 마.)
  Did you say something? 너 뭐라고 (말)했니?

- **love** 사랑하다
  She loves her children. 그녀는 그녀의 아이들을 사랑해.
  I love fried chicken. 난 프라이드치킨을 사랑해.

STEP 3 핵심 패턴 익히기 | 방송을 시청하며 각 문장의 핵심 패턴을 익히세요.

A: **I feel like you never listen to me.** 자기는 내 말을 절대 안 듣는 거 같은 기분이 들어.
I feel like + (평서문). (평서문) 같은 기분이 들어.
I feel like this is a test. 이게 테스트인 것 같은 기분이 들어.
I feel like she doesn't love me. 걔가 날 사랑하지 않는 것 같은 기분이 들어.

B: **What do you mean? I always listen to you.** 무슨 말이야? 항상 듣는데.
listen + to (목적어) (목적어)의 말을 듣다
Listen to me! 내 말 들어!
I am listening to you. 네 말 듣고 있어.

A: **Then, what was I just saying?** 그럼 내가 방금 뭐라고 했는데?
then 그러면, 그럼
Then, do you hate me? 그럼, 넌 내가 싫어?
Then, let's do it. 그럼, 그렇게 하자.

B: **You were saying... you love me...?** 날 사랑한다고… 했나…?
was/were (~ing) (~ing)하고 있었다
I was washing my hands. 나 손 씻고 있었어.
What were you saying? 너 뭐라고 말하고 있었니?

STEP 4 직접 손영작/입영작 | 핵심 패턴을 사용하여 손으로 영작하고 입으로 영작하세요.

1. 난 내가 친구가 전혀 없는 것 같은 기분이 들어. _____

2. 넌 내 말을 듣고 있지 않아! _____

3. 그럼, 집에 가자. _____

4. 우린 그냥 얘기하고 있었어. _____

정답 | 1. I feel like I don't have any friends. 2. You are not listening to me! 3. Then, let's go home. 4. We were just talking.

이왕이면 저렴한 환율로 환전하기   여행

방송시청 ____회 ▶ 손영작 ____회 ▶ 입영작 ____회 ▶ 반복낭독 ____회

STEP 1

Today's Dialogue | 방송으로 대화를 들으며 빈칸에 알맞은 단어를 최대한 채워 보세요.

A: I need to _____ some money. 돈을 좀 환전해야 하는데요.

A: Where's the nearest _____? 가장 가까운 환전소가 어디죠?

B: There's one on 5th Avenue _____ 1st and 2nd Street. 1번가랑 2번가 사이, 5번 에비뉴 선상에 하나 있어요.

B: The _____ are much better there.
거기 환율이 훨씬 더 괜찮아요.

STEP 2

빈칸 단어 익히기 | 예문으로 단어의 쓰임을 익히세요.

- **exchange** 교환하다, 환전하다
  We exchanged our information. 우린 정보를 교환했어.
  She exchanged some money. 걔는 환전을 좀 했어.

- **exchange office** 환전소
  There is no exchange office around here. 이 근처엔 환전소가 없어.
  The exchange office is closed. 그 환전소는 안 열었어.

- **between** ~ 사이에
  There are no secrets between us. 우리 사이엔 비밀이 없어.
  There was tension between them. 그들 사이에 긴장감이 있었어.

- **(exchange) rate(s)** 환율
  What are the rates? 환율이 어떻게 돼요?
  The rates are not so good. 환율이 그렇게 좋지 않아.

STEP 3 핵심 패턴 익히기 | 방송을 시청하며 각 문장의 핵심 패턴을 익히세요.

A: I need to exchange some money. 돈을 좀 환전해야 하는데요.
need to (동사원형) (동사원형)할 필요가 있다/해야 한다
I need to get changed. 나 옷 갈아입어야 해.
She needs to eat more. 걔는 더 많이 먹을 필요가 있어.

A: Where's the nearest exchange office? 가장 가까운 환전소가 어디죠?
Where is/are (명사)? (명사)가 어디죠/어디에 있죠?
Where is the nearest hospital? 가장 가까운 병원이 어디죠?
Where are they? 그들은 어디 있죠?

B: There's one on 5th Avenue between 1st and 2nd Street.
1번가랑 2번가 사이, 5번 에비뉴 선상에 하나 있어요.
on (길) (길)에
I live on 7th Avenue. 난 7번 에비뉴에 살아.
His office is on Main Street. 그의 사무실은 Main Street에 있어.

B: The rates are much better there. 거기 환율이 훨씬 더 괜찮아요.
much (비교급 형용사) 훨씬 더 (형용사)한
She is much smarter. 걔가 훨씬 더 똑똑해.
The price is much cheaper here. 여기 가격이 훨씬 더 저렴해.

STEP 4 직접 손영작/입영작 | 핵심 패턴을 사용하여 손으로 영작하고 입으로 영작하세요.

1. 우린 더 많이 운동해야 해. _____

2. 그 공원이 어디죠? _____

3. 그건 6번 에비뉴에 있어. _____

4. 영어가 훨씬 더 쉬워. _____

정답 | 1. We need to exercise more. 2. Where is the park? 3. It's on 6th Avenue. 4. English is much easier.

DAY 036 우리끼리 쇼핑몰 여행은 무리야 가정

방송시청 _____회 ▶ 손영작 _____회 ▶ 입영작 _____회 ▶ 반복낭독 _____회

STEP 1 Today's Dialogue | 방송으로 대화를 들으며 빈칸에 알맞은 단어를 최대한 채워 보세요.

A: Do you want to go to the _____? 쇼핑몰 갈래?

B: We don't have a _____. Mom is at the gym.
차편이 없잖아. 엄마 헬스장에 계셔.

A: Can't we just _____ there by bus?
거기 그냥 버스로 가면 안 돼?

B: Let's just wait. She will be home _____.
그냥 기다리자. 곧 집에 오실 거야.

STEP 2 빈칸 단어 익히기 | 예문으로 단어의 쓰임을 익히세요.

■ **mall** 쇼핑몰
We went to the mall. 우리 쇼핑몰 갔어.
It was a huge mall! 그것은 엄청 큰 쇼핑몰이었어!

■ **ride** 차편, 탈것
Do you need a ride? 너 차편이 필요하니?
I gave him a ride. 내가 걔 차로 데려다줬어.

■ **go** 가다
Let's go home. 집에 가자.
We went to the city. 우린 시내에 갔어.

■ **soon** 곧, 금방
I will be there soon. 나 거기 곧 도착할 거야.
It will be over soon. 그거 금방 끝날 거야.

STEP 3 핵심 패턴 익히기 | 방송을 시청하며 각 문장의 핵심 패턴을 익히세요.

A: Do you want to go to the mall? 쇼핑몰 갈래?
want to (동사원형) (동사원형)하고 싶다 / (동사원형)할래?
I want to play basketball. 나 농구하고 싶어.
Do you want to eat here? 여기서 먹을래?

B: We don't have a ride. Mom is at the gym.
차편이 없잖아. 엄마 헬스장에 계셔.
at (장소) (장소)에서 / (장소)에 있는
I am at the supermarket. 나 슈퍼마켓에 있어.
She studied at the library. 걔는 도서관에서 공부했어.

A: Can't we just go there by bus? 거기 그냥 버스로 가면 안 돼?
by (교통수단) (교통수단)으로
Let's go there by bus. 우리 거기 버스로 가자.
You can go there by car. 거기 차로 가도 돼요.

B: Let's just wait. She will be home soon.
그냥 기다리자. 곧 집에 오실 거야.
Let's (동사원형). (동사원형)하자.
Let's stay inside. 안에 있자.
Let's just eat. 그냥 먹자.

STEP 4 직접 손영작/입영작 | 핵심 패턴을 사용하여 손으로 영작하고 입으로 영작하세요.

1. 나 너랑 춤추고 싶어. _____
2. 너 그 호텔에 있니? _____
3. 우리 거기에 버스로 갔어. _____
4. 같이 노래하자. _____

정답 | 1. I want to dance with you. 2. Are you at the hotel? 3. We went there by bus. 4. Let's sing together.

DAY 037 눈치 0단 내 친구   일상

방송시청 ____ 회 ▶ 손영작 ____ 회 ▶ 입영작 ____ 회 ▶ 반복낭독 ____ 회

STEP 1
Today's Dialogue | 방송으로 대화를 들으며 빈칸에 알맞은 단어를 최대한 채워 보세요.

A: **Do you have any plans for the _____?**
주말에 약속 뭐라도 있어?

B: **I'm going to Mayu Land with my _____.**
여자 친구랑 Mayu Land 가.

A: **Nice! Hey, do you mind if I _____?**
좋네! 야, 나도 따라가도 돼?

B: **I'm sorry, bud. It's her _____.**
미안, 친구. 여자 친구 생일이야.

STEP 2
빈칸 단어 익히기 | 예문으로 단어의 쓰임을 익히세요.

■ **weekend** 주말
I did nothing over the weekend. 나 주말에 아무것도 안 했어.
Let's do it on the weekend. 그거 주말에 하자.

■ **girlfriend** 여자 친구
I am his girlfriend. 제가 걔 여자 친구예요.
I have no girlfriend. 난 여자 친구가 없어.

■ **tag along** 따라가다
I just tagged along. 나 그냥 따라갔어.
Can I tag along? 나 따라가도 돼?

■ **birthday** 생일
I forgot your birthday. 나 네 생일 잊어버렸어.
When was your birthday? 네 생일이 언제였는데?

STEP 3 핵심 패턴 익히기 | 방송을 시청하며 각 문장의 핵심 패턴을 익히세요.

A: **Do you have any plans for the weekend?** 주말에 약속 뭐라도 있어?
　　have plans + for (명사)　(명사)에 약속이 있다
　　I have no plans for tonight. 나 오늘 밤에 약속 없어.
　　Do you have any plans for tomorrow? 너 내일 약속 있어?

B: **I'm going to Mayu Land with my girlfriend.**
　　여자 친구랑 Mayu Land 가.
　　be (~ing)　(~ing)해
　　I am leaving on Friday. 나 금요일에 떠나.
　　She is graduating next week. 걔는 다음 주에 졸업해.

A: **Nice! Hey, do you mind if I tag along?** 좋네! 야, 나도 따라가도 돼?
　　Do you mind + if (평서문)　(평서문)이면 꺼리니? (→ (평서문)이어도 돼?)
　　Do you mind if I sit here? 저 여기 앉아도 되나요?
　　Do you mind if she joins us? 그녀가 우리랑 합류해도 되나요?

B: **I'm sorry, bud. It's her birthday.** 미안, 친구. 여자 친구 생일이야.
　　It's (요일/날/날짜).　(요일/날/날짜)야.
　　It's my birthday today. 오늘이 내 생일이야.
　　It's Monday tomorrow. 내일은 월요일이야.

STEP 4 직접 손영작/입영작 | 핵심 패턴을 사용하여 손으로 영작하고 입으로 영작하세요.

1. 너 밸런타인데이에 약속 있어? _____

2. 우리 내일 돌아와. _____

3. 내가 여기 머물러도 되니? _____

4. 오늘은 밸런타인데이야. _____

정답 | 1. Do you have any plans for Valentine's Day? 2. We are coming back tomorrow. 3. Do you mind if I stay here? 4. It's Valentine's Day today.

손님을 위해 솔직해지겠습니다

직업

방송시청 _____ 회 ▶ 손영작 _____ 회 ▶ 입영작 _____ 회 ▶ 반복낭독 _____ 회

STEP 1

Today's Dialogue | 방송으로 대화를 들으며 빈칸에 알맞은 단어를 최대한 채워 보세요.

A: Can I get a haircut _____? 머리 이렇게 잘라 주실 수 있어요?

B: Can I be _____ with you? 솔직히 말씀드려도 될까요?

B: It won't look _____ good on you.
손님께 그렇게 잘 어울리진 않을 겁니다.

A: Okay, then. Just cut it short _____.
알겠어요, 그럼. 그냥 짧게 잘라 주세요.

STEP 2

빈칸 단어 익히기 | 예문으로 단어의 쓰임을 익히세요.

■ **like this** 이렇게 / 이런
Move your arms like this. 팔을 이렇게 움직여.
I want a car like this. 난 이런 차를 원해.

■ **honest** 솔직한
I am an honest person. 전 솔직한 사람이에요.
Tony is not honest. Tony는 솔직하지 못해.

■ **that** 그렇게
Are you that busy? 너 그렇게 바빠?
I am not that hungry. 나 그렇게 배고프진 않아.

■ **please** ~해 주세요, 제발
Please follow me. 절 따라와 주세요.
Wait here please. 여기서 기다려 주세요.

STEP 3 핵심 패턴 익히기 | 방송을 시청하며 각 문장의 핵심 패턴을 익히세요.

A: **Can I get a haircut like this?** 머리 이렇게 잘라 주실 수 있어요?
get a haircut 머리를 자르다
I got a haircut. 나 머리 잘랐어.
I should get a haircut. 나 머리 잘라야겠어.

B: **Can I be honest with you?** 솔직히 말씀드려도 될까요?
be honest + with (목적어) (목적어)에게 솔직해지다
Be honest with me. 나한테 솔직해져.
I want to be honest with you. 너한테 솔직해지고 싶어.

B: **It won't look that good on you.** 손님께 그렇게 잘 어울리진 않을 겁니다.
look good + on (목적어) (목적어)에게 잘 어울리다
It looks good on you! 그거 너한테 잘 어울려!
The skirt looked good on her. 그 치마 걔한테 잘 어울렸어.

A: **Okay, then. Just cut it short please.**
알겠어요, 그럼. 그냥 짧게 잘라 주세요.
cut (명사) short (명사)를 짧게 자르다
I cut my hair short. 나 머리 짧게 잘랐어.
Please don't cut it short. 그거 짧게 자르지 말아 줘.

STEP 4 직접 손영작/입영작 | 핵심 패턴을 사용하여 손으로 영작하고 입으로 영작하세요.

1. 너 머리 잘랐니? _____

2. 나 너희들한테 솔직해져도 되겠니? _____

3. 그 스웨터 마유한테 잘 어울려. _____

4. Olivia는 머리를 짧게 잘랐어. _____

정답 | 1. Did you get a haircut? 2. Can I be honest with you guys? 3. The sweater looks good on Mayu. 4. Olivia cut her hair short.

케이크로 마무리하면 안 될까?

관계

방송시청 ____회 ▶ 손영작 ____회 ▶ 입영작 ____회 ▶ 반복낭독 ____회

STEP 1

Today's Dialogue | 방송으로 대화를 들으며 빈칸에 알맞은 단어를 최대한 채워 보세요.

A: You baked a cake for me! I'm so _____!
날 위해 케이크를 구웠네! 나 엄청 감동했어!

B: I wanted to make your day _____.
자기의 날을 특별하게 만들어 주고 싶었어.

A: How can you be so sweet? Now, where's my _____? 어떻게 그렇게 다정할 수 있어? 자, 내 선물은 어디 있죠?

B: Well, I _____ it at home. 음, 집에 두고 왔네.

STEP 2

빈칸 단어 익히기 | 예문으로 단어의 쓰임을 익히세요.

- **touched** 감동한
  We were so touched. 우리 엄청 감동했어.
  She seemed really touched. 걔는 엄청 감동해 보였어.

- **special** 특별한
  You are so special to me. 넌 내게 엄청 특별해.
  This is a special event. 이건 특별한 행사야.

- **gift** 선물
  I have a gift for you. 널 위한 선물이 있어.
  There is a gift shop. 선물 가게가 있어.

- **forget** 잊다
  Don't forget the code. 그 코드 잊지 마.
  I forgot my umbrella. 우산을 잊었네.

STEP 3 핵심 패턴 익히기 | 방송을 시청하며 각 문장의 핵심 패턴을 익히세요.

A: You baked a cake for me! I'm so touched!
날 위해 케이크를 구웠네! 나 엄청 감동했어!

for (목적어) (목적어)를 위해/위한

This is for you. 이건 널 위한 거야.
I cooked for Mom. 내가 엄마를 위해 요리했어.

B: I wanted to make your day special.
자기의 날을 특별하게 만들어 주고 싶었어.

make (명사) (형용사) (명사)를 (형용사)하게 만들다

She makes me happy. 걔는 날 행복하게 만들어.
Don't make me nervous. 날 긴장하게 만들지 마.

A: How can you be so sweet? Now, where's my gift?
어떻게 그렇게 다정할 수 있어? 자, 내 선물은 어디 있죠?

How (질문 어순)? 어떻게 (질문 어순)이니?

How can you be so cool? 너 어떻게 그렇게 멋질 수 있니?
How did you open it? 너 그거 어떻게 열었어?

B: Well, I forgot it at home. 음, 집에 두고 왔네.

forget (명사) + at home (명사)를 집에 (잊고) 두고 오다

I forgot my wallet at home. 나 지갑을 집에 두고 왔어.
She forgot her passport at home. 걔는 여권을 집에 두고 왔어.

STEP 4 직접 손영작/입영작 | 핵심 패턴을 사용하여 손으로 영작하고 입으로 영작하세요.

1. 이거 날 위한 거니? _____

2. 날 화나게 만들지 마. _____

3. 너 어떻게 그렇게 귀여울 수 있니? _____

4. 나 열쇠를 집에 두고 왔어. _____

정답 | **1.** Is this for me? **2.** Don't make me angry. **3.** How can you be so cute? **4.** I forgot my key at home.

셔틀 타고 호텔에서 공항 가기

여행

방송시청 _____ 회 ▶ 손영작 _____ 회 ▶ 입영작 _____ 회 ▶ 반복낭독 _____ 회

STEP 1 **Today's Dialogue** | 방송으로 대화를 들으며 빈칸에 알맞은 단어를 최대한 채워 보세요.

A: **What's the best way to get to the _____?**
공항 가는 가장 좋은 방법이 뭐죠?

B: **The airport _____ is the fastest.** 공항 셔틀이 가장 빨라요.

A: **How often does it _____?** 얼마나 자주 다니나요?

B: **It runs every 30 _____.** 30분마다 다닙니다.

STEP 2 빈칸 단어 익히기 | 예문으로 단어의 쓰임을 익히세요.

- **airport** 공항
  Are you already at the airport? 너 벌써 공항이니?
  How far is the airport? 공항이 얼마나 멀어요?

- **shuttle** 셔틀
  Is there a shuttle? 셔틀이 있나요?
  I am waiting for the shuttle. 저 셔틀 기다리는 중이에요.

- **run** 다니다, 운행되다
  The trains are running normally. 열차들이 정상적으로 운행 중입니다.
  That bus runs only on weekends. 저 버스는 주말에만 다녀요.

- **minute** 분
  I need 3 more minutes. 난 3분이 더 필요해.
  Wait a minute. 1분만 기다려. (→ 잠깐 기다려.)

STEP 3 핵심 패턴 익히기 | 방송을 시청하며 각 문장의 핵심 패턴을 익히세요.

A: **What's the best way to get to the airport?**
공항 가는 가장 좋은 방법이 뭐죠?
What's the best way + to (동사원형)?   (동사원형)하는 가장 좋은 방법이 뭐죠?
What's the best way to learn English?   영어를 배우는 가장 좋은 방법이 뭐죠?
What's the best way to get there?   거기 가는 가장 좋은 방법이 뭐죠?

B: **The airport shuttle is the fastest.**   공항 셔틀이 가장 빨라요.
the (최상급 형용사)   가장 (형용사)한
This one is the cheapest.   이게 가장 저렴합니다.
It's the strongest robot.   그게 가장 강한 로봇이야.

A: **How often does it run?**   얼마나 자주 다니나요?
How often (질문 어순)?   얼마나 자주 (질문 어순)이죠?
How often do you wash your hands?   너 얼마나 자주 손 씻어?
How often do they come here?   걔네는 얼마나 자주 여기 와?

B: **It runs every 30 minutes.**   30분마다 다닙니다.
every (기간)   (기간)마다
It happens every 5 minutes.   그건 5분마다 벌어져.
She woke up every 2 hours.   걔는 2시간마다 깼어.

STEP 4 직접 손영작/입영작 | 핵심 패턴을 사용하여 손으로 영작하고 입으로 영작하세요.

1. 살 빼는 가장 좋은 방법이 뭐죠? _____

2. 이게 가장 가볍습니다. _____

3. 너 얼마나 자주 샤워해? _____

4. 그건 여기 30분마다 와. _____

정답 | 1. What's the best way to lose weight? 2. This one is the lightest. 3. How often do you take a shower? 4. It comes here every 30 minutes.

DAY 041 동물원에 처음 가 보는 아들

가정

방송시청 ____ 회 ▶ 손영작 ____ 회 ▶ 입영작 ____ 회 ▶ 반복낭독 ____ 회

STEP 1 Today's Dialogue | 방송으로 대화를 들으며 빈칸에 알맞은 단어를 최대한 채워 보세요.

A: **Mom, are there many _____ at the zoo?**
엄마, 동물원에 동물 많아요?

B: **Sure, you will see _____ and elephants.**
그럼, 기린이랑 코끼리도 볼 거야.

B: **And if you're lucky, you might see _____, too.**
그리고 운 좋으면, 호랑이도 볼지도 몰라.

A: **_____! I'll go and get dressed!** 대박! 가서 옷 입을게요!

STEP 2 빈칸 단어 익히기 | 예문으로 단어의 쓰임을 익히세요.

- **animal** 동물
  Mayu loves animals. 마유는 동물을 사랑해.
  Animals are so innocent. 동물들은 엄청 순수해.

- **giraffe** 기린
  I saw a giraffe! 나 기린 봤어!
  Giraffes are so tall. 기린은 키가 엄청 커.

- **tiger** 호랑이
  I see a tiger! 호랑이가 보여!
  The tiger is running so fast. 호랑이가 엄청 빨리 달리고 있어.

- **amazing** 대단한, 놀라운
  The view is amazing! 뷰가 대박이네요!
  That was an amazing magic trick. 그건 놀라운 마술이었어요.

STEP 3 핵심 패턴 익히기 | 방송을 시청하며 각 문장의 핵심 패턴을 익히세요.

A: **Mom, are there many animals at the zoo?** 엄마, 동물원에 동물 많아요?
  Is/Are there (명사)? (명사)가 있나요?
  Are there many dogs? 개들이 많이 있어요?
  Is there water in the cup? 컵에 물이 있나요?

B: **Sure, you will see giraffes and elephants.**
  그럼, 기린이랑 코끼리도 볼 거야.
  will (동사원형) (동사원형)할 것이다
  You will get there soon. 너 곧 거기에 도착할 거야.
  You will see a tall tree. 큰 나무가 보일 거야.

B: **And if you're lucky, you might see tigers, too.**
  그리고 운 좋으면, 호랑이도 볼지도 몰라.
  might (동사원형) (동사원형)할지도 모른다
  I might start a business. 나 사업 시작할지도 몰라.
  She might be late. 걔는 늦을지도 몰라.

A: **Amazing! I'll go and get dressed!** 대박! 가서 옷 입을게요!
  get dressed 옷을 입다
  Go and get dressed. 가서 옷 입어.
  You need to get dressed now. 너는 지금 옷 입을 필요가 있어.

STEP 4 직접 손영작/입영작 | 핵심 패턴을 사용하여 손으로 영작하고 입으로 영작하세요.

1. 여기 학생들이 있나요? _____

2. 넌 슬플 거야. _____

3. 우린 곧 떠날지도 몰라. _____

4. 옷을 입자! _____

정답 | 1. Are there students here? 2. You will be sad. 3. We might leave soon. 4. Let's get dressed!

여름의 상징 플로리다

방송시청 ____ 회 ▶ 손영작 ____ 회 ▶ 입영작 ____ 회 ▶ 반복낭독 ____ 회

STEP 1

Today's Dialogue | 방송으로 대화를 들으며 빈칸에 알맞은 단어를 최대한 채워 보세요.

A: Are you going on vacation this _____?
이번 여름에 휴가 가?

B: Yeah, I'm planning to go to _____.
어, 플로리다에 갈 계획 중이야.

A: You must be really _____, huh? 진짜 신나겠다, 응?

B: Yeah, I'm _____ looking forward to it.
어, 진짜 고대 중이야.

STEP 2

빈칸 단어 익히기 | 예문으로 단어의 쓰임을 익히세요.

■ **summer** 여름
Summer has come. 여름이 왔어.
I hate summer. 난 여름이 싫어.

■ **Florida** 플로리다주
It's so hot in Florida. 플로리다는 엄청 더워.
I flew to Florida. 난 플로리다로 날아갔어.

■ **excited** 흥분한, 신난
Aren't you excited? 너 흥분되지 않니?
I was so excited! 나 엄청 신났어!

■ **really** 진짜로, 정말로
I am really disappointed. 나 진짜 실망했어.
Are you really Korean? 너 정말 한국인이야?

STEP 3 핵심 패턴 익히기 | 방송을 시청하며 각 문장의 핵심 패턴을 익히세요.

A: **Are you going on vacation this summer?** 이번 여름에 휴가 가?
`go on vacation` 휴가를 가다
I can't go on vacation. 나 휴가 못 가.
They all want to go on vacation. 걔네는 다 휴가를 가고 싶어 해.

B: **Yeah, I'm planning to go to Florida.** 어, 플로리다에 갈 계획 중이야.
`plan + to (동사원형)` (동사원형)할 계획이다
I am planning to take a yoga class. 나 요가 수업 들을 계획 중이야.
We are planning to go on vacation. 우리 휴가 갈 계획 중이야.

A: **You must be really excited, huh?** 진짜 신나겠다, 응?
`must be (형용사)` 분명 (형용사)할 것이다
You must be tired. 너 피곤하겠다.
She must be new here. 걔는 분명 여기가 처음일 거야.

B: **Yeah, I'm really looking forward to it.** 어, 진짜 고대 중이야.
`look forward + to (명사)` (명사)를 고대하다
I look forward to our next meeting. 우리의 다음 회의를 고대합니다.
I look forward to the show. 그 쇼를 고대합니다.

STEP 4 직접 손영작/입영작 | 핵심 패턴을 사용하여 손으로 영작하고 입으로 영작하세요.

1. 우린 휴가 가야겠어. _____
2. 난 차를 살 계획 중이야. _____
3. 너 목마르겠다. _____
4. 전 그 세미나를 고대합니다. _____

정답 | 1. We should go on vacation. 2. I am planning to buy a car. 3. You must be thirsty. 4. I look forward to the seminar.

장기 렌터카 정비소에 맡기기

 직업

방송시청 ___회 ▶ 손영작 ___회 ▶ 입영작 ___회 ▶ 반복낭독 ___회

STEP 1　Today's Dialogue | 방송으로 대화를 들으며 빈칸에 알맞은 단어를 최대한 채워 보세요.

A: Could you check the oil _____ for me?
오일 레벨 좀 체크해 주실 수 있을까요?

B: _____! I'll take care of that. 물론이죠! 알아서 해 드리겠습니다.

B: In the meantime, you can wait in the _____.
그동안 고객 대기실에서 기다리셔도 됩니다.

A: Would you check the _____, too?
타이어 공기압도 체크해 주시겠어요?

STEP 2　빈칸 단어 익히기 | 예문으로 단어의 쓰임을 익히세요.

- **level** 레벨, 수준, 수위
  What's her English level? 그녀의 영어 수준은 어떻게 되죠?
  The water level is high. 물의 수위가 높습니다.

- **certainly** 물론, 확실히
  Certainly! Ask me anything. 물론이죠! 뭐든 물어보세요.
  I certainly enjoyed it. 난 그걸 확실히 즐겼어.

- **customer area** 고객 대기실
  Where is the customer area? 고객 대기실이 어디죠?
  The customer area is downstairs. 고객 대기실은 아래층에 있어요.

- **tire pressure** 타이어 (공기)압
  Did you check the tire pressure? 타이어 공기압 확인했어?
  How can I check the tire pressure? 타이어 압 어떻게 확인해?

STEP 3 핵심 패턴 익히기 | 방송을 시청하며 각 문장의 핵심 패턴을 익히세요.

A: **Could you check the oil level for me?**
오일 레벨 좀 체크해 주실 수 있을까요?
Could you (동사원형)? (동사원형)해 주실 수 있을까요?
Could you clean my room? 제 방을 치워 주실 수 있을까요?
Could you be quiet? 조용히 해 주실 수 있을까요?

B: **Certainly! I'll take care of that.** 물론이죠! 알아서 해 드리겠습니다.
take care + of (명사) (명사)를 처리하다/알아서 하다/돌보다
Did you take care of it? 너 그거 처리했어?
I will take care of your hair. 머리를 알아서 해 드릴게요.

B: **In the meantime, you can wait in the customer area.**
그동안 고객 대기실에서 기다리셔도 됩니다.
in the meantime 그동안에
In the meantime, fill out this form. 그동안 이 양식을 작성하세요.
In the meantime, you can wait upstairs. 그동안 위층에서 기다리셔도 돼요.

A: **Would you check the tire pressure, too?**
타이어 공기압도 체크해 주시겠어요?
Would you (동사원형)? (동사원형)해 주시겠어요?
Would you check the engine? 엔진을 체크해 주시겠어요?
Would you wait outside? 밖에서 기다려 주시겠어요?

STEP 4 직접 손영작/입영작 | 핵심 패턴을 사용하여 손으로 영작하고 입으로 영작하세요.

1. 절 도와주실 수 있을까요? _____

2. 저희가 그걸 처리하겠습니다. _____

3. 그동안 손을 씻으렴. _____

4. 그 문을 닫아 주시겠어요? _____

정답 | 1. Could you help me? 2. We will take care of that. 3. In the meantime, wash your hands. 4. Would you close the door?

DAY 044 나이가 들면 좀 멀어지나 봐 [관계]

방송시청 ____회 ▶ 손영작 ____회 ▶ 입영작 ____회 ▶ 반복낭독 ____회

STEP 1
Today's Dialogue | 방송으로 대화를 들으며 빈칸에 알맞은 단어를 최대한 채워 보세요.

A: I feel like we've _____. 우리 좀 멀어진 기분이야.

B: I'm _____ you brought it up. 네가 그 말을 꺼내서 기뻐.

B: We should meet up more _____. 우리 더 자주 만나야겠어.

A: Agreed. We used to be _____. You know?
동의해. 우리 베프이곤 했잖아, 응?

STEP 2
빈칸 단어 익히기 | 예문으로 단어의 쓰임을 익히세요.

- **grow apart** 멀어지다
  They eventually grew apart. 걔네는 결국 멀어졌어.
  The brothers have grown apart. 그 형제는 멀어졌어.

- **glad** 기쁜, 다행인
  I am glad you are okay. 네가 괜찮아서 다행이야.
  I am glad everyone is here. 모두가 여기 있어서 기뻐요.

- **often** 자주, 종종
  I call her often. 난 걔한테 자주 전화해.
  Let's hang out more often. 더 자주 놀자.

- **best friend** 가장 친한 친구, 베프
  Peter is my best friend. Peter는 내 베프야.
  Who is your best friend? 네 베프가 누구니?

STEP 3 핵심 패턴 익히기 | 방송을 시청하며 각 문장의 핵심 패턴을 익히세요.

A: I feel like we've grown apart. 우리 좀 멀어진 기분이야.
I feel like (평서문). (평서문)인 기분이야.
I feel like you don't like me. 네가 날 안 좋아하는 기분이야.
I feel like I am useless. 내가 쓸모없어진 기분이야.

B: I'm glad you brought it up. 네가 그 말을 꺼내서 기뻐.
bring (명사) up (명사)를 꺼내다
You brought it up! 네가 그 말을 꺼냈잖아!
She brought up my past. 걔가 내 과거 얘기를 꺼냈어.

B: We should meet up more often. 우리 더 자주 만나야겠어.
meet up 만나다
Let's meet up this weekend. 이번 주말에 만나자.
I met up with Mayu. 나 마유랑 만났어.

A: Agreed. We used to be best friends. You know?
동의해. 우리 베프이곤 했잖아, 응?
used to be (명사) (명사)이곤 했다
I used to be a dancer. 난 댄서이곤 했어.
She used to be my girlfriend. 걔는 내 여자 친구이곤 했어.

STEP 4 직접 손영작/입영작 | 핵심 패턴을 사용하여 손으로 영작하고 입으로 영작하세요.

1. 우리가 더 이상 친구가 아닌 기분이야. _____

2. 그걸[그 얘기를] 꺼내지 마. _____

3. 너 마유랑 만났어? _____

4. 우린 친구이곤 했어. _____

정답 | 1. I feel like we are not friends anymore. 2. Don't bring it up. 3. Did you meet up with Mayu? 4. We used to be friends.

미국에도 시장이 있을까?

여행

방송시청 ____ 회 ▶ 손영작 ____ 회 ▶ 입영작 ____ 회 ▶ 반복낭독 ____ 회

STEP 1

Today's Dialogue | 방송으로 대화를 들으며 빈칸에 알맞은 단어를 최대한 채워 보세요.

A: Is there a local market _____? 근처에 시장이 있나요?

B: Yes, there's a _____ in Chinatown.
네, Chinatown에 직거래 장터가 있어요.

A: What days is it _____? 무슨 요일에 열어요?

B: It's open every _____. 매주 토요일에 열어요.

STEP 2

빈칸 단어 익히기 | 예문으로 단어의 쓰임을 익히세요.

- **nearby** 근처에
  There is a park nearby. 근처에 공원이 있어.
  There is a Korean restaurant nearby. 근처에 한국 식당이 있어.

- **farmers' market** 직거래 장터
  I want to check out the farmers' market. 나 그 직거래 장터 구경하고 싶어.
  Do you know any farmers' markets? 직거래 장터 아는데 있어?

- **open** 열린
  It's not open yet. 거기 아직 개장 안 했어.
  The door was open. 문이 열려 있었어.

- **Saturday** 토요일
  Who doesn't love Saturday? 누가 토요일을 좋아하지 않겠어?
  I work on Saturdays. 난 토요일마다 일해.

STEP 3 핵심 패턴 익히기 | 방송을 시청하며 각 문장의 핵심 패턴을 익히세요.

A: Is there a local market nearby? 근처에 시장이 있나요?
  Is/Are there (명사)? (명사)가 있나요?
  Is there an ATM in the terminal? 터미널 안에 ATM이 있나요?
  Are there vending machines here? 여기 자판기들이 있나요?

B: Yes, there's a farmers' market in Chinatown.
  네, Chinatown에 직거래 장터가 있어요.
  in (지역) (지역)에(서)
  There are many convenience stores in Seoul. 서울엔 편의점이 많아.
  Jerry lives in New Jersey. Jerry는 뉴저지에 살아.

A: What days is it open? 무슨 요일에 열어요?
  What days is (명사) open? (명사)는 무슨 요일에 열어요?
  What days is the hair salon open? 그 미용실은 무슨 요일에 열어요?
  What days are you guys open? 무슨 요일에 여세요?

B: It's open every Saturday. 매주 토요일에 열어요.
  every (요일) 매주 (요일)에
  I go there every Tuesday. 나 거기 매주 화요일에 가.
  We meet up every Saturday. 우리 매주 토요일에 모여.

STEP 4 직접 손영작/입영작 | 핵심 패턴을 사용하여 손으로 영작하고 입으로 영작하세요.

1. 물이 있나요? _____

2. 마유는 일산에서 일해. _____

3. 당신의 사무실은 무슨 요일에 열어요? _____

4. 저희는 매주 금요일에 열어요. _____

정답 | 1. Is there water? 2. Mayu works in Ilsan. 3. What days is your office open? 4. We are open every Friday.

DAY 046 아이들이 꼭 배워야 할 그것 [가정]

방송시청 _____ 회 ▶ 손영작 _____ 회 ▶ 입영작 _____ 회 ▶ 반복낭독 _____ 회

STEP 1
Today's Dialogue | 방송으로 대화를 들으며 빈칸에 알맞은 단어를 최대한 채워 보세요.

A: Are you still playing with your _____?
아직도 장난감 가지고 놀고 있니?

B: I'm _____ done playing with them. 거의 다 놀았어요.

A: When you're _____, put them back in their place. 다 놀고 나서 제자리에 가져다 놓으렴.

B: Don't _____, Dad. I will. 걱정 마세요, 아빠. 그렇게 할게요.

STEP 2
빈칸 단어 익히기 | 예문으로 단어의 쓰임을 익히세요.

- **toy** 장난감
  I don't have many toys. 난 장난감이 많이 없어.
  I bought him a toy. 난 걔한테 장난감을 사 줬어.

- **almost** 거의
  I am almost there. 나 거의 거기 다 왔어.
  The movie is almost over. 영화가 거의 다 끝났어.

- **done** 다 마친
  Are you done? 너 다 마쳤어?
  I am not done yet. 나 아직 다 안 마쳤어.

- **worry** 걱정하다
  You worry too much. 넌 너무 많이 걱정을 해.
  They worried about you. 그들은 널 걱정했어.

STEP 3 핵심 패턴 익히기 | 방송을 시청하며 각 문장의 핵심 패턴을 익히세요.

A: **Are you still playing with your toys?** 아직도 장난감 가지고 놀고 있니?
  play + with (명사) (명사)를 가지고 놀다
  I am playing with my toys. 저 장난감 가지고 놀고 있어요.
  Stop playing with it. 그거 그만 가지고 놀아.

B: **I'm almost done playing with them.** 거의 다 놓았어요.
  be done (~ing) (~ing)하는 걸 다 마치다
  I am done using the bathroom. 나 화장실 다 썼어.
  Are you done eating? 너 먹는 거 다 마쳤어?

A: **When you're done, put them back in their place.**
  다 놀고 나서 제자리에 가져다 놓으렴.
  put (명사) back + in one's place (명사)를 제자리에 가져다 놓다
  Put your toys back in their place. 장난감 제자리에 가져다 놔.
  Angie put the doll in its place. Angie는 인형을 제자리에 가져다 놓았어.

B: **Don't worry, Dad. I will.** 걱정 마세요, 아빠. 그렇게 할게요.
  Don't (동사원형). (동사원형)하지 마세요.
  Don't scream. 소리 지르지 마세요.
  Don't be shy. 수줍어하지 마세요.

STEP 4 직접 손영작/입영작 | 핵심 패턴을 사용하여 손으로 영작하고 입으로 영작하세요.

1. 내 아이들은 장난감을 가지고 놀고 있어. _____

2. 너 숙제하는 거 다 마쳤어? _____

3. 너 그거 제자리에 가져다 놓았어? _____

4. 놀라지 마세요. _____

정답 | **1.** My kids are playing with their toys. **2.** Are you done doing your homework? **3.** Did you put it back in its place? **4.** Don't be surprised.

DAY 047 물건은 항상 같은 곳에 두자

일상

방송시청 _____ 회 ▶ 손영작 _____ 회 ▶ 입영작 _____ 회 ▶ 반복낭독 _____ 회

STEP 1

Today's Dialogue | 방송으로 대화를 들으며 빈칸에 알맞은 단어를 최대한 채워 보세요.

A: Where did you put the _____? 진공청소기 어디에 뒀어?

B: It's in the _____ by the door. 문 옆에 벽장 안에 있어.

A: I don't _____ it in here. 이 안에 안 보이는데.

B: Oops, I'm sorry. It's in the _____.
아이고, 미안. 차고 안에 있다.

STEP 2

빈칸 단어 익히기 | 예문으로 단어의 쓰임을 익히세요.

- **vacuum cleaner** 진공청소기
  We have a robot vacuum cleaner. 우리 로봇 진공청소기 있어.
  Vacuum cleaners are not cheap. 진공청소기는 저렴하지 않아.

- **closet** 벽장
  She is hiding in the closet. 걔는 벽장 안에 숨어 있어.
  I opened the closet. 난 그 벽장을 열었어.

- **see** 보이다
  Do you see me? 내가 보이니?
  I didn't see anything. 나 아무것도 안 보였어.

- **garage** 차고
  The car is in the garage. 차가 차고에 있어.
  Open the garage. 차고를 열어.

STEP 3 핵심 패턴 익히기 | 방송을 시청하며 각 문장의 핵심 패턴을 익히세요.

A: **Where did you put the vacuum cleaner?** 진공청소기 어디에 뒀어?
  Where (질문 어순)? 어디에/어디에서/어디로 (질문 어순)이니?
  Where did they go? 걔네는 어디에 갔니?
  Where do you work? 너 어디에서 일해?

B: **It's in the closet by the door.** 문 옆에 벽장 안에 있어.
  by (명사) (명사) 옆에/근처에
  It's by the window. 그거 창문 옆에 있어.
  We are walking by the beach. 우린 해변 근처에서 걷고 있어.

A: **I don't see it in here.** 이 안에 안 보이는데.
  in here 이 안에
  The remote control is in here. 리모컨이 이 안에 있어.
  It's so hot in here. 이 안에 엄청 더워.

B: **Oops, I'm sorry. It's in the garage.** 아이고, 미안. 차고 안에 있다.
  Oops. 아이고. / 이런.
  Oops, that's my mistake. 이런, 그거 내 실수야.
  Oops, I forgot. 아이고, 잊어버렸네.

STEP 4 직접 손영작/입영작 | 핵심 패턴을 사용하여 손으로 영작하고 입으로 영작하세요.

1. 너 그거 어디에 뒀어?　_____

2. 그거 문 옆에 있어.　_____

3. 이 안에 엄청 추워.　_____

4. 아이고, 내가 그걸 잃어버렸네.　_____

정답 | 1. Where did you put it? 2. It's by the door. 3. It's so cold in here. 4. Oops, I lost it.

DAY 048 서점에서 특정한 책 찾기

직업

방송시청 ____ 회 ▶ 손영작 ____ 회 ▶ 입영작 ____ 회 ▶ 반복낭독 ____ 회

STEP 1

Today's Dialogue | 방송으로 대화를 들으며 빈칸에 알맞은 단어를 최대한 채워 보세요.

A: **Do you have any books on _____?**
정원 가꾸기에 관한 책 뭐라도 있나요?

B: **They're in the Home and Garden _____.**
Home and Garden 구역에 있어요.

A: **Which _____ is that?** 그게 어느 통로예요?

B: **It's in aisle 3. Let me _____ you there.**
3번 통로에 있어요. 거기 같이 걸어가 드릴게요.

STEP 2

빈칸 단어 익히기 | 예문으로 단어의 쓰임을 익히세요.

- **gardening** 정원 가꾸기
  I want to learn about gardening. 정원 가꾸기에 대해 배우고 싶어요.
  Is gardening hard to learn? 정원 가꾸기는 배우기 힘든가요?

- **section** 구역, 섹션
  It's in Section A. 그건 A 구역에 있어요.
  Where is the English section? 영어 섹션은 어디에 있나요?

- **aisle** 통로
  It's in aisle 2. 그건 2번 통로에 있어요.
  The aisle is very narrow. 그 통로는 엄청 좁아.

- **walk** 산책시키다, 같이 걸어서 가다
  I am walking my dog. 나 우리 개 산책시키는 중이야.
  I walked her home. 난 그녀의 집에 같이 걸어서 가 줬어.

STEP 3 핵심 패턴 익히기 | 방송을 시청하며 각 문장의 핵심 패턴을 익히세요.

A: **Do you have any books on gardening?**
정원 가꾸기에 관한 책 뭐라도 있나요?
on (명사) (명사)에 대한
She wrote a book on racism. 그녀는 인종 차별에 대한 책을 썼어.

B: **They're in the Home and Garden section.**
Home and Garden 구역에 있어요.
in (명사) section (명사) 구역/섹션에 있는
It's in the Health section. 그건 Health 구역에 있어.
You can find it in the Language section.
그걸 Language 섹션에서 찾을 수 있어요.

A: **Which aisle is that?** 그게 어느 통로예요?
Which (명사) 어느 (명사)
Which exit is it? 그거 어느 출구예요?
Which color did you choose? 너 어느 색 골랐어?

B: **It's in aisle 3. Let me walk you there.**
3번 통로에 있어요. 거기 같이 걸어가 드릴게요.
Let me (동사원형). (동사원형)할게요.
Let me fix it for you. 그걸 고쳐 드릴게요.
Let me walk you home. 집에 같이 걸어가 줄게요.

STEP 4 직접 손영작/입영작 | 핵심 패턴을 사용하여 손으로 영작하고 입으로 영작하세요.

1. 마유는 사랑에 대한 책을 썼어. _____

2. 그건 Economy 구역에 있어요. _____

3. 그거 어느 자동차예요? _____

4. 제가 여기서 기다릴게요. _____

정답 | **1.** Mayu wrote a book on love. **2.** It's in the Economy section. **3.** Which car is it? **4.** Let me wait here.

DAY 049 멋진 군인을 본 꼬마

관계

방송시청 ____회 ▶ 손영작 ____회 ▶ 입영작 ____회 ▶ 반복낭독 ____회

STEP 1
Today's Dialogue | 방송으로 대화를 들으며 빈칸에 알맞은 단어를 최대한 채워 보세요.

A: **Are you a _____? Your military uniform looks so cool!** 군인이세요? 군복 엄청 멋져 보여요!

B: **Thanks, kiddo. You're so _____!** 고맙다, 꼬마야. 엄청 에너지가 넘치는구나!

A: **Thank you for your _____! You're the best!** 봉사해 주셔서 감사합니다! 최고예요!

B: **You made my _____!** 덕분에 기분이 다 좋구나!

STEP 2
빈칸 단어 익히기 | 예문으로 단어의 쓰임을 익히세요.

- **soldier** 군인
  My son is a soldier. 내 아들은 군인이야.
  Follow me, soldiers! 나를 따르라, 제군들!

- **energetic** 에너지가 넘치는
  Mayu is always energetic. 마유는 항상 에너지가 넘쳐.
  She is such an energetic girl. 걔는 엄청 에너지 넘치는 아이야.

- **service** 봉사, 서비스
  We thanked them for their service. 우린 그들의 봉사에 감사했어.
  They provide good service. 그들은 좋은 서비스를 제공해.

- **day** 하루, 날, 요일
  How was your day? 너의 하루는 어땠니?
  What day is it? 무슨 요일이지?

STEP 3 핵심 패턴 익히기 | 방송을 시청하며 각 문장의 핵심 패턴을 익히세요.

A: **Are you a soldier? Your military uniform looks so cool!**
군인이세요? 군복 엄청 멋져 보여요!

look (형용사) (형용사)해 보이다

Your cardigan looks cute! 네 카디건 귀여워 보여!
It doesn't look difficult. 그건 어려워 보이지 않아.

B: **Thanks, kiddo. You're so energetic!**
고맙다, 꼬마야. 엄청 에너지가 넘치는구나!

so (형용사) 엄청 (형용사)한

I am so exhausted. 나 엄청 지쳤어.
The sky is so blue. 하늘이 엄청 파래.

A: **Thank you for your service! You're the best!**
봉사해 주셔서 감사합니다! 최고예요!

Thank you + for (명사). (명사)에 감사합니다.

Thank you for your support. 성원에 감사합니다.
Thank you for your kindness. 친절함에 감사합니다.

B: **You made my day!** 덕분에 기분이 다 좋구나!

You made my day! 덕분에 기분이 좋아졌어!
You made my day! Thank you! 덕분에 기분이 좋아졌어! 고마워!
You definitely made my day. 네 덕분에 진짜 기분 좋아졌어.

STEP 4 직접 손영작/입영작 | 핵심 패턴을 사용하여 손으로 영작하고 입으로 영작하세요.

1. 나 피곤해 보이니? _____

2. 영어는 엄청 쉬워. _____

3. 당신의 사랑에 고마워요. _____

4. 덕분에 기분 좋아졌어, 내 친구! _____

정답 | 1. Do I look tired? 2. English is so easy. 3. Thank you for your love. 4. You made my day, my friend!

여행 중 가벼운 두통이 있다면?

여행

방송시청 _____ 회 ▶ 손영작 _____ 회 ▶ 입영작 _____ 회 ▶ 반복낭독 _____ 회

STEP 1

Today's Dialogue | 방송으로 대화를 들으며 빈칸에 알맞은 단어를 최대한 채워 보세요.

A: Where can I find a _____? 약국을 어디서 찾을 수 있을까요?

B: There's _____ just around the corner.
모퉁이 돌면 바로 있습니다.

A: Do they sell over-the-counter _____, too?
거기 처방전 필요 없는 약도 파나요?

B: I'm _____ sure they do. 아마 팔 거예요.

STEP 2

빈칸 단어 익히기 | 예문으로 단어의 쓰임을 익히세요.

■ **pharmacy** 약국
Where is the closest pharmacy? 가장 가까운 약국이 어디죠?
There is a pharmacy inside the supermarket. 슈퍼마켓 안에 약국이 있어.

■ **one** 하나, 것
I need one. 나 하나 필요해.
This one is mine. 이건 내 거야.

■ **medicine** 약
I am taking medicine. 난 약을 복용 중이야.
The pharmacist gave me medicine. 약사가 내게 약을 줬어.

■ **pretty** 꽤나
It's pretty obvious. 그건 꽤나 뻔해.
She is pretty smart. 걔는 꽤나 똑똑해.

STEP 3 핵심 패턴 익히기 | 방송을 시청하며 각 문장의 핵심 패턴을 익히세요.

A: **Where can I find a pharmacy?** 약국을 어디서 찾을 수 있을까요?
    Where can I find (명사)? (명사)를 어디서 찾을 수 있을까요?
    Where can I find this item? 이 상품을 어디서 찾을 수 있을까요?
    Where can I find a convenience store? 편의점을 어디서 찾을 수 있죠?

B: **There's one just around the corner.** 모퉁이 돌면 바로 있습니다.
    just around the corner 모퉁이 돌면 바로, 아주 가까운
    There is a bank just around the corner. 모퉁이 돌면 바로 은행이 있습니다.
    The place is just around the corner. 거기 아주 가까워요.

A: **Do they sell over-the-counter medicine, too?**
    거기 처방전 필요 없는 약도 파나요?
    Do/Does (주어) (동사원형)? (주어)가 (동사원형)하나요?
    Do they sell dolls, too? 그들은 인형도 파나요?
    Does she eat pork? 그녀는 돼지고기를 먹나요?

B: **I'm pretty sure they do.** 아마 팔 거예요.
    I am sure + (평서문). 아마 (평서문)일 거예요.
    I am sure they have water. 아마 거기 물을 팔 거예요.
    I am pretty sure she is fine. 아마 걔는 괜찮을 거야.

STEP 4 직접 손영작/입영작 | 핵심 패턴을 사용하여 손으로 영작하고 입으로 영작하세요.

1. 물을 어디서 찾을 수 있나요? _____

2. 모퉁이 돌면 바로 슈퍼마켓이 있습니다. _____

3. 그들은 호주에 사나요? _____

4. 아마 그건 안전할 거예요. _____

정답 | 1. Where can I find water? 2. There is a supermarket just around the corner. 3. Do they live in Australia? 4. I am sure it's safe.

DAY 051 아빠에게 주어진 창의력 테스트 　가정

방송시청 ____회 ▶ 손영작 ____회 ▶ 입영작 ____회 ▶ 반복낭독 ____회

STEP 1

Today's Dialogue | 방송으로 대화를 들으며 빈칸에 알맞은 단어를 최대한 채워 보세요.

A: Dad, can you read me a _____?
아빠, 잠자리 동화 읽어 주실 수 있어요?

B: Sure, go and grab me a _____. 그럼, 가서 책을 가져오렴.

A: Can't you just make up a _____?
그냥 이야기를 지어내실 순 없어요?

B: All right. Are you _____? Once upon a time, there was... 좋아. 준비됐어? 옛날 옛적에 말이다…

STEP 2

빈칸 단어 익히기 | 예문으로 단어의 쓰임을 익히세요.

- **bedtime story** 잠자리 동화
  I don't know any bedtime stories. 난 잠자리 동화를 전혀 몰라.
  I know a short bedtime story. 나 짧은 잠자리 동화 알아.

- **book** 책
  I bought some books. 나 책 몇 권 샀어.
  Read some books! 책을 좀 읽어!

- **story** 이야기
  He writes beautiful stories. 그는 아름다운 이야기를 써.
  Listen to my story. 내 이야기를 들어 봐.

- **ready** 준비된
  I am not ready yet. 나 아직 준비 안 됐어.
  Let me know when you are ready. 준비되면 알려 줘.

STEP 3 핵심 패턴 익히기 | 방송을 시청하며 각 문장의 핵심 패턴을 익히세요.

A: **Dad, can you read me a bedtime story?**
아빠, 잠자리 동화 읽어 주실 수 있어요?
`read (목적어) (명사)` (목적어)에게 (명사)를 읽어 주다
Please read me a book. 저한테 책을 읽어 주세요.
I read him a fun story. 난 그에게 재미있는 이야기를 읽어 줬어.

B: **Sure, go and grab me a book.** 그럼, 가서 책을 가져오렴.
`grab (목적어) (명사)` (목적어)에게 (명사)를 가져다주다
Grab me some water. 나한테 물을 좀 가져다줘.
Grab me that book. 나한테 저 책 가져다줘.

A: **Can't you just make up a story?** 그냥 이야기를 지어내실 순 없어요?
`make up (명사)` (명사)를 지어내다
Did you make up the story? 너 그 얘기 지어낸 거야?
I just made that up. 나 그거 방금 지어낸 거야.

B: **All right. Are you ready? Once upon a time, there was...**
좋아. 준비됐어? 옛날 옛적에 말이다…
`Once upon a time,` 옛날 옛적에.
Once upon a time, there was a beautiful princess.
옛날 옛적에, 아름다운 공주가 있었습니다.
Once upon a time, there was an evil witch. 옛날 옛적에, 사악한 마녀가 있었다.

STEP 4 직접 손영작/입영작 | 핵심 패턴을 사용하여 손으로 영작하고 입으로 영작하세요.

1. 난 내 아들에게 잠자리 동화를 읽어 줬어. _____

2. 나한테 수건을 가져다줘. _____

3. 난 이야기를 지어내지 않았어. _____

4. 옛날 옛적에, 다정한 남자가 있었습니다. _____

정답 | **1.** I read my son a bedtime story. **2.** Grab me a towel. **3.** I didn't make up a story. **4.** Once upon a time, there was a sweet man.

이해해 주셔서 감사해요, 부장님

일상

방송시청 _____ 회 ▶ 손영작 _____ 회 ▶ 입영작 _____ 회 ▶ 반복낭독 _____ 회

STEP 1

Today's Dialogue | 방송으로 대화를 들으며 빈칸에 알맞은 단어를 최대한 채워 보세요.

A: Can you stay late _____? 자네 오늘 밤에 야근할 수 있나?

B: I'm _____ I can't. 아쉽게도 그럴 수 없습니다.

B: I have to visit my _____ in the hospital.
이모님 병문안을 가야 해서요.

A: I _____. I hope she feels better soon.
이해하네. 이모님이 곧 쾌차하시길 비네.

STEP 2

빈칸 단어 익히기 | 예문으로 단어의 쓰임을 익히세요.

- **tonight** 오늘 밤 / 오늘 밤에
  Tonight is an important night. 오늘 밤은 중요한 밤이야.
  I can't come out tonight. 나 오늘 밤엔 못 나가.

- **afraid** 두려운
  I am not afraid. 난 두렵지 않아.
  Don't be afraid. 두려워하지 마.

- **aunt** 이모, 고모
  My aunt has two sons. 저희 고모는 아들이 둘이에요.
  Is your aunt a nurse? 너희 이모는 간호사니?

- **understand** 이해하다
  I understand that. 이해합니다.
  She understood the language. 그녀는 그 언어를 이해했어.

STEP 3 핵심 패턴 익히기 | 방송을 시청하며 각 문장의 핵심 패턴을 익히세요.

A: **Can you stay late tonight?** 자네 오늘 밤에 야근할 수 있나?
stay late 늦게까지 있다 (→ 야근하다)
I stayed late last night. 나 어젯밤에 야근했어.
I have to stay late again. 나 또 야근해야 돼.

B: **I'm afraid I can't.** 아쉽게도 그럴 수 없습니다.
I am afraid + (평서문). 아쉽게도/유감스럽게도 (평서문)입니다.
I am afraid he is not here. 유감스럽게도 그분은 여기 안 계세요.
I am afraid I have to leave. 아쉽게도 전 가야 해요.

B: **I have to visit my aunt in the hospital.** 이모님 병문안을 가야 해서요.
visit (목적어) in the hospital (목적어)의 병문안을 가다
I visited her in the hospital. 난 그녀의 병문안을 갔어.
Let's visit him in the hospital. 그의 병문안을 가자.

A: **I understand. I hope she feels better soon.**
이해하네. 이모님이 곧 쾌차하시길 비네.
feel better 쾌차하다, 몸 상태가 나아지다
Do you feel better now? 이제 몸 좀 괜찮아?
I hope you feel better soon. 곧 쾌차하시면 좋겠네요.

STEP 4 직접 손영작/입영작 | 핵심 패턴을 사용하여 손으로 영작하고 입으로 영작하세요.

1. 너 어제 야근했어? _____

2. 아쉽게도 그녀는 여기서 일 안 해요. _____

3. 난 우리 누나의 병문안을 갔어. _____

4. 너희 언니가 곧 쾌차하시면 좋겠어. _____

정답 | 1. Did you stay late yesterday? 2. I am afraid she doesn't work here. 3. I visited my sister in the hospital. 4. I hope your sister feels better soon.

DAY 053 아름다운 당일 세탁 서비스

직업

방송시청 ____회 ▶ 손영작 ____회 ▶ 입영작 ____회 ▶ 반복낭독 ____회

STEP 1

Today's Dialogue | 방송으로 대화를 들으며 빈칸에 알맞은 단어를 최대한 채워 보세요.

A: When can I pick up my _____?
정장을 언제 픽업할 수 있을까요?

B: It should be ready by _____.
아마 오늘 오후까지는 준비될 겁니다.

A: OK, I'll stop by _____, then. 네, 그럼 퇴근 후에 들를게요.

B: Please give us a call _____ you come.
오시기 전에 전화 주세요.

STEP 2

빈칸 단어 익히기 | 예문으로 단어의 쓰임을 익히세요.

■ **suit** 정장
Mayu is wearing a suit. 마유가 정장을 입고 있어.
I don't have a suit. 난 정장이 없어.

■ **this afternoon** 오늘 오후
I will call you this afternoon. 오늘 오후에 전화할게.
Can you come out this afternoon? 너 오늘 오후에 나올 수 있어?

■ **after work** 퇴근 후에
I am going home after work. 나 퇴근 후에 집에 가.
What are you doing after work? 너 퇴근 후에 뭐 해?

■ **before** ~ 전에
Brush your teeth before you go to bed. 잠자리에 들기 전에 이 닦아.
I got there before 10. 나 거기 10시 전에 도착했어.

STEP 3 핵심 패턴 익히기 | 방송을 시청하며 각 문장의 핵심 패턴을 익히세요.

A: **When can I pick up my suit?** 정장을 언제 픽업할 수 있을까요?
When (질문 어순)? 언제 (질문 어순)이니?
When can you come? 너 언제 올 수 있어?
When did they arrive in Korea? 그들이 한국에 언제 도착했어?

B: **It should be ready by this afternoon.**
아마 오늘 오후까지는 준비될 겁니다.
should be (형용사) 아마 (형용사)할 것이다
It should be easy. 그거 아마 쉬울 거야.
The report should be ready soon. 그 보고서는 아마 금방 준비될 거예요.

A: **OK, I'll stop by after work, then.** 네, 그럼 퇴근 후에 들를게요.
stop by 들르다
Can you stop by tonight? 오늘 밤에 들를 수 있어?
I will stop by tomorrow. 내일 들를게.

B: **Please give us a call before you come.** 오시기 전에 전화 주세요.
give (목적어) a call (목적어)에게 전화하다
I already gave her a call. 나 걔한테 벌써 전화했어.
Give us a call tomorrow. 내일 저희한테 전화 주세요.

STEP 4 직접 손영작/입영작 | 핵심 패턴을 사용하여 손으로 영작하고 입으로 영작하세요.

1. 너 언제 돌아왔어? _____

2. 그거 아마 재미있을 거야. _____

3. 나 오늘은 못 들러. _____

4. 저희한테 전화 주실 수 있나요? _____

정답 | 1. When did you come back? 2. It should be fun. 3. I can't stop by today. 4. Can you give us a call?

117

초대를 막판에 하는 게 어디 있음?

방송시청 _____ 회 ▶ 손영작 _____ 회 ▶ 입영작 _____ 회 ▶ 반복낭독 _____ 회

STEP 1

Today's Dialogue | 방송으로 대화를 들으며 빈칸에 알맞은 단어를 최대한 채워 보세요.

A: Why didn't you come to my _____ yesterday?
어제 왜 내 파티에 안 온 거야?

B: What party? I didn't get an _____.
무슨 파티? 나 초대장 못 받았는데.

A: I _____ you! Didn't you get my message?
문자 했잖아! 내 메시지 못 읽었어?

B: I guess I _____ it. 내가 메시지를 놓쳤나 보네.

STEP 2

빈칸 단어 익히기 | 예문으로 단어의 쓰임을 익히세요.

■ **party** 파티
It was a fun party. 재미있는 파티였어.
I like parties. 난 파티를 좋아해.

■ **invite** 초대장 / 초대하다
I sent you an invite. 나 너한테 초대장 보냈어.
We invited them again. 우리 걔네 또 초대했어.

■ **text** 문자를 하다
Text me later. 나한테 나중에 문자 해.
When did you text me? 너 언제 나한테 문자 했어?

■ **miss** 놓치다
I missed the class. 나 그 수업 놓쳤어.
We missed the flight. 우리 그 비행편 놓쳤어.

STEP 3 핵심 패턴 익히기 | 방송을 시청하며 각 문장의 핵심 패턴을 익히세요.

A: **Why didn't you come to my party yesterday?**
어제 왜 내 파티에 안 온 거야?
Why didn't you (동사원형)? 너 왜 (동사원형) 안 했니?
Why didn't you call me? 너 왜 나한테 전화 안 했어?
Why didn't you wake me up? 너 왜 날 안 깨웠어?

B: **What party? I didn't get an invite.** 무슨 파티? 나 초대장 못 받았는데.
didn't (동사원형) (동사원형)하지 않았다
I didn't receive your email. 나 네 이메일 못 받았어.
She didn't come. 걔는 안 왔어.

A: **I texted you! Didn't you get my message?**
문자 했잖아! 내 메시지 못 읽었어?
Didn't you (동사원형)? 너 (동사원형) 안 했어?
Didn't you go there? 너 거기 안 갔어?
Didn't you book a seat? 너 좌석 예약 안 했어?

B: **I guess I missed it.** 내가 메시지를 놓쳤나 보네.
I guess + (평서문). (평서문)인가 보네.
I guess life is not fair. 인생은 불공평한가 보네.
I guess it's too late. 너무 늦었나 보네.

STEP 4 직접 손영작/입영작 | 핵심 패턴을 사용하여 손으로 영작하고 입으로 영작하세요.

1. 너 왜 네 전화기 충전 안 했어? _____

2. 난 안 잤어. _____

3. 너 내 이메일 확인 안 했어? _____

4. 마유는 배가 안 고픈가 보네. _____

정답 | **1.** Why didn't you charge your phone? **2.** I didn't sleep. **3.** Didn't you check my email? **4.** I guess Mayu isn't hungry.

DAY 055 삼엄해도 안전한 게 더 낫지   여행

방송시청 ___회 ▶ 손영작 ___회 ▶ 입영작 ___회 ▶ 반복낭독 ___회

STEP 1
Today's Dialogue | 방송으로 대화를 들으며 빈칸에 알맞은 단어를 최대한 채워 보세요.

A: Please _____ any metallic items, sir.
금속품은 전부 제거해 주세요, 선생님.

B: Do I have to take off my _____, too?
신발도 벗어야 되나요?

B: I also have a _____ in my bag. 가방에 노트북도 있는데요.

A: Yes, please place them in _____ bins.
네, 각자 다른 바구니에 넣어 주세요.

STEP 2
빈칸 단어 익히기 | 예문으로 단어의 쓰임을 익히세요.

■ **remove** 제거하다, 빼다
Please remove the lid from the container. 용기에서 뚜껑을 제거해 주세요.
Can you remove the stain from the skirt? 치마에 있는 얼룩을 빼 주실 수 있나요?

■ **shoe(s)** 신발
I am putting on my shoes. 나 신발 신고 있어.
I bought a pair of shoes. 나 신발 한 켤레 샀어.

■ **laptop** 노트북 (컴퓨터)
Is this your laptop? 이거 네 노트북이야?
I have lost my laptop. 나 내 노트북 잃어버렸어.

■ **separate** 각자 다른, 분리된
We stayed in separate rooms. 우린 각자 다른 방에 머물렀어.
She brought two separate boxes. 그녀는 각자 다른 상자 두 개를 가져왔어.

STEP 3 핵심 패턴 익히기 | 방송을 시청하며 각 문장의 핵심 패턴을 익히세요.

A: Please remove any metallic items, sir.
금속품은 전부 제거해 주세요, 선생님.
Please (동사원형). (동사원형)해 주세요.
Please move your vehicle. 손님의 차량을 옮겨 주세요.
Please be quiet. 조용히 해 주세요.

B: Do I have to take off my shoes, too? 신발도 벗어야 되나요?
take off (명사) (명사)를 벗다
Take off your jacket. 재킷을 벗어.
I took off my shirt. 난 셔츠를 벗었어.

B: I also have a laptop in my bag. 가방에 노트북도 있는데요.
also 또한, ~도
I also like oranges. 난 오렌지도 좋아해.
Also, it's very cheap. 또한, 그건 매우 저렴합니다.

A: Yes, please place them in separate bins.
네, 각자 다른 바구니에 넣어 주세요.
place (목적어) + in (명사) (목적어)를 (명사)에 넣다
Place it in the box. 그걸 그 상자에 넣으세요.
I placed the book in the bag. 난 그 책을 그 가방에 넣었어.

STEP 4 직접 손영작/입영작 | 핵심 패턴을 사용하여 손으로 영작하고 입으로 영작하세요.

1. 일어나 주세요. _____

2. 그 모자를 벗어. _____

3. 우린 보트도 가지고 있어. _____

4. 그걸 그 비닐봉지에 넣으세요. _____

정답 | 1. Please stand up. 2. Take off the hat. 3. We also have a boat. 4. Place it in the plastic bag.

DAY 056 영영 돌아오지 않는 거 아니니?

가정

방송시청 ____회 ▶ 손영작 ____회 ▶ 입영작 ____회 ▶ 반복낭독 ____회

STEP 1
Today's Dialogue | 방송으로 대화를 들으며 빈칸에 알맞은 단어를 최대한 채워 보세요.

A: Can you help me with the _____?
세탁물 좀 도와줄 수 있니?

B: OK, how can I _____? 네, 어떻게 도와드릴까요?

A: Just sort the _____ by color. 옷을 색깔 별로 분류만 해 주렴.

B: _____! I'll go and get changed first.
쉽죠! 가서 옷부터 갈아입고요.

STEP 2
빈칸 단어 익히기 | 예문으로 단어의 쓰임을 익히세요.

- **laundry** 세탁물, 세탁
  Where is the laundry? 세탁물이 어디 있지?
  I have to do the laundry. 나 세탁해야 돼.

- **help** 도와주다, 도움이 되다
  I helped the man. 난 그 남자를 도와줬어.
  It doesn't help. 그건 도움이 안 돼.

- **clothes** 옷
  I have too many clothes. 난 옷이 너무 많아.
  Wash your clothes. 옷을 빨아.

- **easy-peasy** (엄청) 쉬운
  Easy-peasy! I will do that right now. 쉽죠! 바로 할게요.
  Easy-peasy. I already know the answer. 쉽지. 난 벌써 답을 알아.

STEP 3 핵심 패턴 익히기 | 방송을 시청하며 각 문장의 핵심 패턴을 익히세요.

A: Can you help me with the laundry? 세탁물 좀 도와줄 수 있니?
help (목적어) + with (명사) (목적어)를 (명사)에 대해 도와주다
I helped her with her project. 난 그녀를 그녀의 프로젝트에 대해 도와줬어.
Help me with this table. 이 테이블에 대해 날 도와줘.

B: OK, how can I help? 네, 어떻게 도와드릴까요?
How (질문 어순) 어떻게 (질문 어순)이죠?
How can I get there? 제가 거기에 어떻게 갈 수 있죠?
How did you know that? 그걸 어떻게 아셨죠?

A: Just sort the clothes by color. 옷을 색깔 별로 분류만 해 주렴.
by color 색깔 별로
I sorted them by color. 난 그것들을 색깔 별로 분류했어.
She organized the books by color. 걔는 그 책들을 색깔 별로 정리했어.

B: Easy-peasy! I'll go and get changed first.
쉽죠! 가서 옷부터 갈아입고요.
get changed 옷을 갈아입다
Go and get changed already! 어서 가서 옷을 갈아입어!
I have to get changed. 나 옷 갈아입어야 돼.

STEP 4 직접 손영작/입영작 | 핵심 패턴을 사용하여 손으로 영작하고 입으로 영작하세요.

1. 이 파일에 대해 날 도와줘. _____

2. 너 어떻게 이 상자를 열었어? _____

3. 그 옷들을 색깔 별로 정리해. _____

4. 옷을 갈아입자. _____

정답 | 1. Help me with this file. 2. How did you open this box? 3. Organize the clothes by color. 4. Let's get changed.

게임 한 판을 위해 최선을 다하는 남편

일상

방송시청 ____회 ▶ 손영작 ____회 ▶ 입영작 ____회 ▶ 반복낭독 ____회

STEP 1

Today's Dialogue | 방송으로 대화를 들으며 빈칸에 알맞은 단어를 최대한 채워 보세요.

A: Did you finish your _____? 시킨 일 다 했어요?

B: Yes, ma'am! I _____ my room and did the dishes! 네, 부인! 방도 치우고 설거지도 했습니다!

B: What _____ can I do? 다른 거 뭘 해 드릴 수 있을까요?

A: Nothing. You can _____ a game if you want.
없어요. 원하면 게임해도 돼요.

STEP 2

빈칸 단어 익히기 | 예문으로 단어의 쓰임을 익히세요.

- **chore** 집안일, 심부름
  I have to do some chores. 나 집안일 좀 해야 돼.
  Let me finish my chores first. 심부름부터 할게.

- **clean** 치우다, 청소하다
  I cleaned the garage. 난 차고를 치웠어.
  Clean the bathroom. 화장실 청소해.

- **else** 다른
  I ate something else. 난 다른 뭔가를 먹었어.
  Ask someone else. 다른 사람에게 물어봐.

- **play** (게임, 스포츠 등을) 하다
  Let's play basketball. 농구 하자.
  He is playing a video game. 걔는 비디오 게임을 하고 있어.

STEP 3 핵심 패턴 익히기 | 방송을 시청하며 각 문장의 핵심 패턴을 익히세요.

A: **Did you finish your chores?** 시킨 일 다 했어요?
   `Did you (동사원형)?` 너 (동사원형)했어?
   Did you finish your work? 너 일 다 했어?
   Did you wash your face? 너 세수했어?

B: **Yes, ma'am! I cleaned my room and did the dishes!**
   네, 부인! 방도 치우고 설거지도 했습니다!
   `do the dishes` 설거지를 하다
   Are you still doing the dishes? 너 아직도 설거지하고 있어?
   I am done doing the dishes. 나 설거지 다 했어.

B: **What else can I do?** 다른 거 뭘 해 드릴 수 있을까요?
   `What else (질문 어순)?` 다른 무엇을 (질문 어순)이죠?
   What else did you see? 다른 무엇을 보셨죠?
   What else do you know? 다른 무엇을 알고 계시죠?

A: **Nothing. You can play a game if you want.**
   없어요. 원하면 게임해도 돼요.
   `if you want` 원하면
   Eat it if you want. 원하면 그거 먹어.
   You can use my computer if you want. 원하면 내 컴퓨터 써도 돼.

STEP 4 직접 손영작/입영작 | 핵심 패턴을 사용하여 손으로 영작하고 입으로 영작하세요.

1. 너 점심 먹었어?　　　_____

2. 나 설거지하고 싶지 않아.　_____

3. 다른 무엇을 드셨나요?　_____

4. 원하시면 여기 앉으셔도 돼요.　_____

정답 | 1. Did you have lunch? 2. I don't want to do the dishes. 3. What else did you eat? 4. You can sit here if you want.

냉장고가 고장 나면 음식은 다 어쩌지?

직업

방송시청 ____회 ▶ 손영작 ____회 ▶ 입영작 ____회 ▶ 반복낭독 ____회

STEP 1
Today's Dialogue | 방송으로 대화를 들으며 빈칸에 알맞은 단어를 최대한 채워 보세요.

A: The _____ isn't cooling properly.
냉장고가 제대로 차가워지지 않아요.

B: _____. Let me take a look at it. 알겠습니다. 좀 살펴볼게요.

A: Do you think you can _____ it? 고치실 수 있을 거 같아요?

B: I'll do my best, but I can't _____ it.
최선을 다하겠지만, 보장할 순 없어요.

STEP 2
빈칸 단어 익히기 | 예문으로 단어의 쓰임을 익히세요.

- **refrigerator** 냉장고
  The refrigerator is not working. 냉장고가 작동을 안 해요.
  I bought a small refrigerator. 나 작은 냉장고 샀어.

- **I see.** 알겠습니다. 그렇군요.
  I see. I will be right back. 알겠습니다. 금방 돌아올게요.
  I see. You can go now. 그렇군요. 이제 가셔도 됩니다.

- **fix** 고치다
  I fixed my motorcycle. 난 내 오토바이를 고쳤어.
  Fix your postures. 자세를 고치세요.

- **guarantee** 보장하다
  I guarantee my work. 전 저의 작업을 보장합니다.
  Do you guarantee it? 그걸 보장하나요?

STEP 3 핵심 패턴 익히기 | 방송을 시청하며 각 문장의 핵심 패턴을 익히세요.

A: **The refrigerator isn't cooling properly.**
냉장고가 제대로 차가워지지 않아요.
be not (~ing) (~ing)하고 있지 않다
The website is not working. 웹사이트가 작동을 안 하고 있어요.
I am not eating. 나 먹고 있지 않아.

B: **I see. Let me take a look at it.** 알겠습니다. 좀 살펴볼게요.
take a look + at (명사) (명사)를 살펴보다
Take a look at the graph. 그래프를 살펴보세요.
I took a look at your essay. 난 네 에세이를 살펴봤어.

A: **Do you think you can fix it?** 고칠 수 있을 거 같아요?
Do you think + (평서문) (평서문)이라고 생각해요? / (평서문)인 거 같아요?
Do you think you are a genius? 넌 네가 천재라고 생각해?
Do you think you can come? 너 올 수 있을 거 같아?

B: **I'll do my best, but I can't guarantee it.**
최선을 다하겠지만, 보장할 순 없어요.
do one's best 최선을 다하다
I did my best. 전 최선을 다했어요.
Just do your best. 그냥 최선을 다해 봐.

STEP 4 직접 손영작/입영작 | 핵심 패턴을 사용하여 손으로 영작하고 입으로 영작하세요.

1. 비가 오고 있지 않아. _____

2. 이 문장을 살펴봐. _____

3. 넌 이게 쉬운 거 같아? _____

4. 우린 최선을 다했어. _____

정답 | 1. It's not raining. 2. Take a look at this sentence. 3. Do you think this is easy? 4. We did our best.

DAY 059 칭찬은 서로를 춤추게 한다   관계

방송시청 _____ 회 ▶ 손영작 _____ 회 ▶ 입영작 _____ 회 ▶ 반복낭독 _____ 회

STEP 1

Today's Dialogue | 방송으로 대화를 들으며 빈칸에 알맞은 단어를 최대한 채워 보세요.

A: Look at you! You look _____ in that dress!
얘 좀 봐! 드레스 입으니까 엄청 잘 어울린다!

B: Oh, stop it. You look so cute in that _____!
아, 그만해. 그 치마 입으니까 엄청 귀여워 보이는데?

B: Wait, have you _____? 잠깐, 너 살 빠졌니?

A: Oh, can you _____? I've lost a few pounds.
앗, 티가 나? 몇 파운드 빠졌거든.

STEP 2

빈칸 단어 익히기 | 예문으로 단어의 쓰임을 익히세요.

■ **amazing** 놀라운, 대단한
It was an amazing performance. 그건 놀라운 공연이었어.
His skills are amazing! 그의 실력은 대단해!

■ **skirt** 치마
I am wearing a cute skirt. 난 귀여운 치마를 입고 있어.
The skirt didn't fit me. 그 치마는 나한테 안 맞았어.

■ **lose weight** 살이 빠지다, 살을 빼다
I lost so much weight. 나 살 엄청 빠졌어.
We should lose weight. 우리 살 빼야 돼.

■ **tell** 식별하다, 알아보다
I can't tell. 난 식별이 안 돼. (→ 차이를 모르겠어.)
Can you tell? 너 알아볼 수 있니? (→ 티가 나니?)

STEP 3 핵심 패턴 익히기 | 방송을 시청하며 각 문장의 핵심 패턴을 익히세요.

A: **Look at you! You look amazing in that dress!**
얘 좀 봐! 드레스 입으니까 엄청 잘 어울린다!

in (명사) (명사)를 입으니까/입고서

You look good in that suit. 너 그 정장 입으니까 멋져 보여.
She looked good in the jacket. 걔는 그 재킷 입으니까 멋져 보였어.

B: **Oh, stop it. You look so cute in that skirt!**
아, 그만해. 그 치마 입으니까 엄청 귀여워 보이는데?

so (형용사) 엄청 (형용사)한

The baby is so cute! 아기가 엄청 귀여워!
The place was so big! 거기는 엄청 컸어!

B: **Wait, have you lost weight?** 잠깐, 너 살 빠졌니?

have (p.p.) (p.p.)한 상태다 (→ 했다)

Have you found your key? 네 열쇠를 찾은 상태니? (→ 찾았니?)
The party has started. 그 파티는 시작한 상태야. (→ 시작했어.)

A: **Oh, can you tell? I've lost a few pounds.**
앗, 티가 나? 몇 파운드 빠졌거든.

a few (복수명사) (복수명사) 몇 개

I know a few doctors. 난 의사를 몇 명 알아.
We need a few hours. 우린 몇 시간이 필요해.

STEP 4 직접 손영작/입영작 | 핵심 패턴을 사용하여 손으로 영작하고 입으로 영작하세요.

1. 너 그 청바지 입으니까 귀여워 보여. _____

2. 우린 엄청 친해. _____

3. 난 살이 빠진 상태야. _____

4. 우린 학생 몇 명이 필요해. _____

정답 | 1. You look cute in those jeans. 2. We are so close. 3. I have lost weight. 4. We need a few students.

DAY 060 여행 중 커피 한 잔 즐기기

여행

방송시청 ____회 ▶ 손영작 ____회 ▶ 입영작 ____회 ▶ 반복낭독 ____회

STEP 1

Today's Dialogue | 방송으로 대화를 들으며 빈칸에 알맞은 단어를 최대한 채워 보세요.

A: Where can I find a good _____ around here?
이 근처에 괜찮은 커피숍 어디 있어요?

B: There's a nice cafe just _____ on your left.
길을 따라 왼쪽에 멋진 카페가 있어요.

A: _____'s it called? 카페 이름이 뭔데요?

B: It's called _____ Brew. Morning Brew라고 해요.

STEP 2

빈칸 단어 익히기 | 예문으로 단어의 쓰임을 익히세요.

■ **coffee shop** 커피숍
I opened a coffee shop. 나 커피숍 열었어.
I have been to that coffee shop. 나 그 커피숍 가 본 적 있어.

■ **down the street** 길을 따라, 근처에
I live just down the street. 저 바로 근처에 살아요.
There is one down the street. 길을 따라 한 군데 있어.

■ **what** 무엇
What is this dot? 이 점은 뭐야?
What happened? 무슨 일이[무엇이] 벌어진 거야?

■ **morning** 아침
It's still morning. 아직 아침이야.
I woke up in the morning. 나 아침에 일어났어.

STEP 3 핵심 패턴 익히기 | 방송을 시청하며 각 문장의 핵심 패턴을 익히세요.

A: Where can I find a good coffee shop around here?
이 근처에 괜찮은 커피숍 어디 있어요?

around (명사) (명사) 근처에/주위에

There is a library around here. 이 근처에 도서관이 있어.
There is no one around me. 내 주위에 아무도 없어.

B: There's a nice cafe just down the street on your left.
길을 따라 왼쪽에 멋진 카페가 있어요.

on one's left/right 왼쪽/오른쪽에

You will see it on your left. 그게 왼쪽에 보일 거야.
The door is on your right. 문은 오른쪽에 있습니다.

A: What's it called? 카페 이름이 뭔데요?

What is (명사) called? (명사)는 뭐라고 불려요? (→ 이름이 뭐예요?)

What is the place called? 거긴 이름이 뭐예요?
What is the restaurant called? 그 식당은 이름이 뭔데요?

B: It's called Morning Brew. Morning Brew라고 해요.

A is called B. A는 B라고 불려요. (→ A는 B라고 해요.)

The place is called EBS. 거긴 EBS라고 해.
The restaurant is called Mayu BBQ. 그 식당은 Mayu BBQ라고 해.

STEP 4 직접 손영작/입영작 | 핵심 패턴을 사용하여 손으로 영작하고 입으로 영작하세요.

1. 이 근처엔 아무것도 없어. _____

2. 넌 왼쪽에 주차장이 보일 거야. _____

3. 그 카페는 이름이 뭐예요? _____

4. 그 영화는 Titanic이라고 해요. _____

정답 | **1.** There is nothing around here. **2.** You will see a parking lot on your left. **3.** What is the cafe called? **4.** The movie is called Titanic.

DAY 061 긴장한 남편을 안심시키는 아내 〔가정〕

방송시청 ____회 ▶ 손영작 ____회 ▶ 입영작 ____회 ▶ 반복낭독 ____회

STEP 1

Today's Dialogue | 방송으로 대화를 들으며 빈칸에 알맞은 단어를 최대한 채워 보세요.

A: Are you nervous about the _____?
건강 검진 때문에 긴장돼?

B: A little bit. It's my _____. 약간. 처음이야.

A: It'll be _____ in no time. 순식간에 끝날 거야.

B: I hope _____ turns out okay. 다 괜찮게 나오면 좋겠어.

STEP 2

빈칸 단어 익히기 | 예문으로 단어의 쓰임을 익히세요.

- **check-up** 건강 검진
  I should get a check-up. 나 건강 검진 해야 돼.
  You need regular check-ups. 넌 정기적인 건강 검진이 필요해.

- **first time** 처음
  Is this your first time? 이번이 처음인가요?
  It was my first time in LA. 그 때가 LA에 처음 간 거였어.

- **finished** 끝난, 다 마친
  It's not finished yet. 그거 아직 안 끝났어.
  I am finished! 저 다 마쳤어요!

- **everything** 모든 것, 다
  They know everything. 그들은 모든 걸 알아.
  Everything is perfect. 다 완벽해요.

STEP 3 핵심 패턴 익히기 | 방송을 시청하며 각 문장의 핵심 패턴을 익히세요.

A: **Are you nervous about the check-up?** 건강 검진 때문에 긴장돼?
  nervous + about (명사) (명사) 때문에 긴장한
  I am nervous about the exam. 나 그 시험 때문에 긴장돼.
  I am not nervous about it. 난 그거 긴장 안 돼.

B: **A little bit. It's my first time.** 약간. 처음이야.
  a little bit 약간
  I ate a little bit. 저 약간 먹었어요.
  I am a little bit nervous. 나 약간 긴장돼.

A: **It'll be finished in no time.** 순식간에 끝날 거야.
  in no time 순식간에
  The repair will be finished in no time. 그 수리는 순식간에 끝날 겁니다.
  We will be at the beach in no time. 우린 순식간에 그 해변에 도착할 거야.

B: **I hope everything turns out okay.** 다 괜찮게 나오면 좋겠어.
  turn out okay (결과가) 괜찮게 나오다
  Everything turned out okay. 다 괜찮게 나왔어.
  The meeting turned out okay. 회의가 괜찮게 나왔어. (→ 괜찮았어.)

STEP 4 직접 손영작/입영작 | 핵심 패턴을 사용하여 손으로 영작하고 입으로 영작하세요.

1. 난 그 인터뷰 때문에 긴장돼. _____

2. 약간 추워. _____

3. 그 수술은 순식간에 끝날 겁니다. _____

4. 그 오디션은 괜찮게 나왔어. _____

정답 | 1. I am nervous about the interview. 2. It's a little bit cold. 3. The operation will be finished in no time. 4. The audition turned out okay.

나름 마음에 드는 새 직장

방송시청 ____회 ▶ 손영작 ____회 ▶ 입영작 ____회 ▶ 반복낭독 ____회

STEP 1
Today's Dialogue | 방송으로 대화를 들으며 빈칸에 알맞은 단어를 최대한 채워 보세요.

A: How do you like your new _____? 새 직장은 좀 어때?

B: I'm happy with it so far. Everyone's so _____.
지금까진 만족해. 모두가 엄청 상냥해.

A: Is the work _____? 일은 어려워?

B: Not really. I'm learning something new _____.
별로 안 어려워. 매일 뭔가 새로운 걸 배우고 있어.

STEP 2
빈칸 단어 익히기 | 예문으로 단어의 쓰임을 익히세요.

■ **job** 직장, 직업, 임무
I like my new job. 나 새 직장 마음에 들어.
That is your job! 그게 네 임무야!

■ **friendly** 상냥한
The flight attendants were friendly. 승무원들은 상냥했어.
She was a friendly person. 그녀는 상냥한 사람이었어.

■ **challenging** 어려운
The new project is challenging. 그 새 프로젝트는 어려워.
Life is challenging sometimes. 인생은 가끔 어려워.

■ **every day** 매일
I study English every day. 나 매일 영어 공부해.
She goes to the gym every day. 걔는 매일 헬스클럽에 가.

STEP 3 핵심 패턴 익히기 | 방송을 시청하며 각 문장의 핵심 패턴을 익히세요.

A: **How do you like your new job?** 새 직장은 좀 어때?
  How do you like (명사)? (명사)는 좀 어때요?
  How do you like your food? 음식은 좀 어때요?
  How do you like your new apartment? 새 아파트는 좀 어때?

B: **I'm happy with it so far. Everyone's so friendly.**
  지금까진 만족해. 모두가 엄청 상냥해.
  be happy + with (명사) (명사)에 만족하다
  I am happy with the results. 난 결과에 만족해.
  Are you happy with your marriage? 너 결혼 생활에 만족하니?

A: **Is the work challenging?** 일은 어려워?
  Am/Are/Is (주어) (형용사)? (주어)는 (형용사)하니?
  Is your boyfriend tall? 네 남자 친구는 키가 크니?
  Am I boring? 내가 지루하니?

B: **Not really. I'm learning something new every day.**
  별로 안 어려워. 매일 뭔가 새로운 걸 배우고 있어.
  not really 별로 아닌
  I am not really tired. 나 별로 안 피곤해.
  She doesn't really care. 걔는 별로 상관을 안 해.

STEP 4 직접 손영작/입영작 | 핵심 패턴을 사용하여 손으로 영작하고 입으로 영작하세요.

1. 저희 프로그램 좀 어때요? _____
2. 전 당신의 서비스에 만족해요. _____
3. 네 여자 친구는 귀엽니? _____
4. 우린 별로 안 친해. _____

정답 | 1. How do you like our program? 2. I am happy with your service. 3. Is your girlfriend cute? 4. We are not really close.

팀장에게 물어보는 부장님

방송시청 _____ 회 ▶ 손영작 _____ 회 ▶ 입영작 _____ 회 ▶ 반복낭독 _____ 회

STEP 1

Today's Dialogue | 방송으로 대화를 들으며 빈칸에 알맞은 단어를 최대한 채워 보세요.

A: How's the _____ doing? 팀원들은 좀 어떻게 하고 있나?

B: They're doing a good job on the new _____.
새 프로젝트를 잘하고 있습니다.

A: _____! Keep up the good work. 멋지구먼! 계속 수고하게.

B: I'll keep you _____. 계속 업데이트해 드리겠습니다.

STEP 2

빈칸 단어 익히기 | 예문으로 단어의 쓰임을 익히세요.

■ **team** 팀
I am the team leader. 제가 팀 리더입니다.
I am on their team. 난 그들 팀 소속이야.

■ **project** 프로젝트
The project has been cancelled. 그 프로젝트는 취소되었습니다.
I am working on a project. 난 프로젝트를 작업 중이야.

■ **excellent** 멋진, 아주 좋은
Excellent job! 아주 잘했어!
She is an excellent team member. 그녀는 멋진 팀 멤버야.

■ **updated** 업데이트 된
It was updated yesterday. 그건 어제 업데이트 됐어.
This is the updated version. 이게 업데이트 된 버전이야.

STEP 3 핵심 패턴 익히기 | 방송을 시청하며 각 문장의 핵심 패턴을 익히세요.

A: **How's the team doing?** 팀원들은 좀 어떻게 하고 있나?
How is (명사) doing? (명사)는 어떻게 하고 있어? / (명사는) 어떻게 지내?
How is your employee doing? 자네 직원은 어떻게 하고 있나?
How is your mom doing? 너희 엄마는 어떻게 지내셔?

B: **They're doing a good job on the new project.**
새 프로젝트를 잘하고 있습니다.
do a good job 잘하다
You did a good job! 잘하셨어요!
I want to do a good job. 저 잘하고 싶어요.

A: **Excellent! Keep up the good work.** 멋지구먼! 계속 수고하게.
Keep up the good work. 계속 수고하세요. / 계속 잘해 주세요.
Keep up the good work, team! 계속 수고하세요, 팀원분들!
Let's keep up the good work. 계속 잘합시다.

B: **I'll keep you updated.** 계속 업데이트해 드리겠습니다.
keep (목적어) updated (목적어)에게 계속 업데이트해 주다
Keep me updated. 나한테 계속 업데이트해 줘.
I will keep you guys updated. 여러분께 계속 업데이트해 드리겠습니다.

STEP 4 직접 손영작/입영작 | 핵심 패턴을 사용하여 손으로 영작하고 입으로 영작하세요.

1. 네 남편은 어떻게 지내? _____

2. 그녀는 잘했어. _____

3. 계속 잘해 주세요, 여러분. _____

4. 우리한테 계속 업데이트해 줘. _____

정답 | 1. How is your husband doing? 2. She did a good job. 3. Keep up the good work, you guys. 4. Keep us updated.

DAY 064 부부는 같은 팀이야   관계

방송시청 ____회 ▶ 손영작 ____회 ▶ 입영작 ____회 ▶ 반복낭독 ____회

STEP 1
Today's Dialogue | 방송으로 대화를 들으며 빈칸에 알맞은 단어를 최대한 채워 보세요.

A: I feel left out when you ignore my _____.
자기가 내 의견 무시할 때 소외된 기분이 들어.

B: I'm sorry. I should have _____ you.
미안해. 자기한테 물어봤어야 했는데.

A: We should _____ as a team. 우린 팀으로 행동해야 해.

B: You're right. I won't forget that _____.
맞아. 다음번엔 잊지 않을게.

STEP 2
빈칸 단어 익히기 | 예문으로 단어의 쓰임을 익히세요.

- **opinion** 의견
  Do you have any opinions? 너 뭐라도 의견이 있니?
  I need your opinion. 난 네 의견이 필요해.

- **ask** 물어보다, 부탁하다
  Ask me first. 나한테 먼저 물어봐.
  Ask your friend Peter. 네 친구 Peter에게 부탁해.

- **work** 일하다, 행동하다
  I used to work there. 나 거기서 일하곤 했어.
  We should work together. 우린 뭉쳐서 행동해야 해.

- **next time** 다음번에
  Call me next time. 다음번에 전화해.
  I will invite you next time. 다음번엔 널 초대할게.

STEP 3 핵심 패턴 익히기 | 방송을 시청하며 각 문장의 핵심 패턴을 익히세요.

A: **I feel left out when you ignore my opinion.**
자기가 내 의견 무시할 때 소외된 기분이 들어.
feel left out 소외된 기분이 들다
I felt left out. 난 소외된 기분이 들었어.
She felt left out in the group. 그녀는 그 그룹에서 소외된 기분이 들었어.

B: **I'm sorry. I should have asked you.** 미안해. 자기한테 물어봤어야 했는데.
should have (p.p.) (p.p.)했어야 했다
I should have hired him. 내가 걔를 고용했어야 했는데.
You should have listened to me. 넌 내 얘기를 들었어야 했어.

A: **We should work as a team.** 우린 팀으로 행동해야 해.
as (명사) (명사)로/로서
Let's work as a team. 팀으로 행동합시다.
We had lunch as friends. 우린 친구로서 점심을 먹었어.

B: **You're right. I won't forget that next time.**
맞아. 다음번엔 잊지 않을게.
won't (동사원형) (동사원형)하지 않을 것이다
I won't lie again. 다시는 거짓말하지 않을 거야.
I won't be late. 늦지 않을게.

STEP 4 직접 손영작/입영작 | 핵심 패턴을 사용하여 손으로 영작하고 입으로 영작하세요.

1. 넌 소외된 기분이 드니? _____

2. 우린 그를 도와줬어야 했어. _____

3. 난 그녀를 친구로서 도와줬어. _____

4. 난 그를 싫어하지 않을 거야. _____

정답 | 1. Do you feel left out? 2. We should have helped him. 3. I helped her as a friend. 4. I won't hate him.

DAY 065 센트럴 파크를 자전거 타고 돌아다녀 보자 (여행)

방송시청 ____회 ▶ 손영작 ____회 ▶ 입영작 ____회 ▶ 반복낭독 ____회

STEP 1

Today's Dialogue | 방송으로 대화를 들으며 빈칸에 알맞은 단어를 최대한 채워 보세요.

A: **Do you know where I can _____ a bicycle?**
어디서 자전거 대여할 수 있는지 아세요?

B: **There's a _____ inside the park.**
공원 안에 대여소가 있어요.

A: **Do you _____ how much it is?** 얼마인지 아세요?

B: **It's _____ $10 for the whole day.**
하루 종일에 10달러 정도요.

STEP 2

빈칸 단어 익히기 | 예문으로 단어의 쓰임을 익히세요.

- **rent** 대여하다
  We rented a van. 우리 승합차 대여했어.
  How much is it to rent it? 그거 대여하는 데 얼마예요?

- **rental shop** 대여소
  Where is the rental shop? 대여소가 어디예요?
  There is no rental shop around here. 이 근처엔 대여소가 없어.

- **know** 알다
  I know her name. 난 걔 이름을 알아.
  I knew it was a mistake. 난 그게 실수인 걸 알았어.

- **like** 대략, ~ 정도
  It's like $20. 그건 대략 20달러야.
  It takes like 3 hours. 3시간 정도 걸려.

STEP 3 핵심 패턴 익히기 | 방송을 시청하며 각 문장의 핵심 패턴을 익히세요.

A: **Do you know where I can rent a bicycle?**
어디서 자전거 대여할 수 있는지 아세요?
Do you know + where I can (동사원형)? 어디서 (동사원형)할 수 있는지 아세요?
Do you know where I can buy this? 이거 어디서 살 수 있는지 아세요?
Do you know where I can see it? 그거 어디서 볼 수 있는지 아세요?

B: **There's a rental shop inside the park.** 공원 안에 대여소가 있어요.
inside (명사) (명사)의 안에
The balls are inside the box. 그 공들은 그 상자 안에 있어.
There is a stroller inside the trunk. 트렁크 안에 유모차가 있어.

A: **Do you know how much it is?** 얼마인지 아세요?
Do you know how much (명사) is? (명사)가 얼마인지 아세요?
Do you know how much this car is? 이 차가 얼마인지 알아?
Do you know how much these are? 이것들이 얼마인지 아세요?

B: **It's like $10 for the whole day.** 하루 종일에 10달러 정도요.
for the whole day 하루 종일에
It's only $5 for the whole day. 그거 하루 종일에 겨우 5달러예요.
We paid $20 for the whole day. 우리 하루 종일에 20달러 냈어.

STEP 4 직접 손영작/입영작 | 핵심 패턴을 사용하여 손으로 영작하고 입으로 영작하세요.

1. 그걸 어디서 찾을 수 있는지 아세요? _____
2. 그 주머니 안에 열쇠가 있었어. _____
3. 너 이 시계가 얼마인지 알아? _____
4. 그건 하루 종일에 7달러예요. _____

정답 | 1. Do you know where I can find it? 2. There was a key inside the pocket. 3. Do you know how much this watch is? 4. It's $7 for the whole day.

DAY 066 남편의 충격적인 악몽

가정

방송시청 _____ 회 ▶ 손영작 _____ 회 ▶ 입영작 _____ 회 ▶ 반복낭독 _____ 회

STEP 1
Today's Dialogue | 방송으로 대화를 들으며 빈칸에 알맞은 단어를 최대한 채워 보세요.

A: I heard you crying _____. 어젯밤에 자기가 우는 소리를 들었어.

B: I had a _____. That's all. 악몽 꾼 것뿐이야.

A: What did you see in your bad _____?
나쁜 꿈을 꾸다가 뭘 봤는데?

B: You were eating the last _____ of pizza.
자기가 마지막 피자 조각을 먹고 있었어.

STEP 2
빈칸 단어 익히기 | 예문으로 단어의 쓰임을 익히세요.

- **last night** 어젯밤 / 어젯밤에
  I couldn't sleep last night. 나 어젯밤에 잠이 안 왔어.
  It happened last night. 그건 어젯밤에 벌어졌어.

- **nightmare** 악몽
  What a nightmare! 엄청난 악몽이구먼!
  It was just a nightmare. 그건 악몽이었을 뿐이야.

- **dream** 꿈
  I had a dream. 나 꿈꿨어.
  Dreams will come true. 꿈은 이뤄질 거야.

- **slice** 조각, 슬라이스
  Can I get a slice? 슬라이스 하나 주실 수 있어요?
  He ate 3 slices. 걔는 세 조각을 먹었어.

STEP 3 핵심 패턴 익히기 | 방송을 시청하며 각 문장의 핵심 패턴을 익히세요.

A: **I heard you crying last night.** 어젯밤에 자기가 우는 소리를 들었어.
hear (목적어) + (~ing) (목적어)가 (~ing)하고 있는 걸 듣다
I heard him laughing. 난 걔가 웃고 있는 걸 들었어.
Did you hear Jenny crying? 너 Jenny가 울고 있는 거 들었니?

B: **I had a nightmare. That's all.** 악몽 꾼 것뿐이야.
That's all. 그게 다야.
I was just bored. That's all. 난 그냥 지루했어. 그게 다야.
I care for you. That's all. 난 널 아끼는 거야. 그게 다라고.

A: **What did you see in your bad dream?** 나쁜 꿈을 꾸다가 뭘 봤는데?
What (질문 어순)? 무엇을 (질문 어순)이니?
What did you hear? 너 무슨 소리 들었어?
What do you want to eat? 너 뭐 먹고 싶어?

B: **You were eating the last slice of pizza.**
자기가 마지막 피자 조각을 먹고 있었어.
was/were (~ing) (~ing)하고 있었다
I was taking a bath. 나 목욕하고 있었어.
They were hiding somewhere. 걔네는 어딘가 숨어 있었어.

STEP 4 직접 손영작/입영작 | 핵심 패턴을 사용하여 손으로 영작하고 입으로 영작하세요.

1. 난 그녀가 노래하고 있는 걸 들었어. _____

2. 난 널 사랑해. 그게 다야. _____

3. 너 뭐 먹고 있어? _____

4. 우린 같이 공부하고 있었어. _____

정답 | 1. I heard her singing. 2. I love you. That's all. 3. What are you eating? 4. We were studying together.

DAY 067 악몽을 꾼 남편이 그토록 원한 것 일상

방송시청 _____ 회 ▶ 손영작 _____ 회 ▶ 입영작 _____ 회 ▶ 반복낭독 _____ 회

STEP 1
Today's Dialogue | 방송으로 대화를 들으며 빈칸에 알맞은 단어를 최대한 채워 보세요.

A: **We're running out of _____, honey.**
음식이 거의 바닥났는데, 여보?

B: **Let's go shopping _____ today.** 오늘 이따가 쇼핑하러 가자.

A: **Should we get some _____, too?** 피자도 좀 사야 하나?

B: **I knew you were going to _____.**
자기가 그 말 할 줄 알았다.

STEP 2
빈칸 단어 익히기 | 예문으로 단어의 쓰임을 익히세요.

- **food** 음식
  We need more food. 우린 음식이 더 필요해.
  I had some good food. 난 좋은 음식을 좀 먹었어.

- **later** 이따가, 나중에
  I will message you later. 이따가 메시지 할게.
  Call me later. 나중에 전화해.

- **pizza** 피자
  Mayu just loves pizza. 마유는 피자를 그냥 사랑해.
  Let's order some pizza. 우리 피자 좀 주문하자.

- **say that** 그 말을 하다, 그렇게 말하다
  Who said that? 누가 그런 말을 했어?
  He said that. 걔가 그렇게 말했어.

STEP 3 핵심 패턴 익히기 | 방송을 시청하며 각 문장의 핵심 패턴을 익히세요.

A: **We're running out of food, honey.** 음식이 거의 바닥났는데, 여보?
`run out + of (명사)` (명사)가 거의 바닥나다
We are running out of water. 우리 물이 거의 바닥나고 있어.
They ran out of time. 그들은 시간이 거의 바닥났어.

B: **Let's go shopping later today.** 오늘 이따가 쇼핑하러 가자.
`go shopping` 쇼핑하러 가다
We went shopping together. 우린 같이 쇼핑하러 갔어.
Do you want to go shopping? 너 쇼핑하러 가고 싶어?

A: **Should we get some pizza, too?** 피자도 좀 사야 하나?
`Should we (동사원형)?` 우리 (동사원형)해야 하나?
Should we order some food? 우리 음식 좀 주문해야 하나?
Should we move to Seoul? 우리 서울로 이사 가야 하나?

B: **I knew you were going to say that.** 자기가 그 말 할 줄 알았다.
`I knew (평서문).` (평서문)인 걸 알았어.
I know she was Korean. 난 걔가 한국 사람인 걸 알았어.
I knew you were going to come back. 난 네가 돌아올 걸 알았어.

STEP 4 직접 손영작/입영작 | 핵심 패턴을 사용하여 손으로 영작하고 입으로 영작하세요.

1. 우리 현금이 거의 바닥나고 있어. _____

2. 또 쇼핑하러 가자. _____

3. 우리 뭔가를 먹어야 하나? _____

4. 난 그가 일본 사람인 걸 알았어. _____

정답 | 1. We are running out of cash. 2. Let's go shopping again. 3. Should we eat something? 4. I knew he was Japanese.

당장 필요한 약인데 큰일이네

직업

방송시청 ____회 ▶ 손영작 ____회 ▶ 입영작 ____회 ▶ 반복낭독 ____회

STEP 1

Today's Dialogue | 방송으로 대화를 들으며 빈칸에 알맞은 단어를 최대한 채워 보세요.

A: Do you have this _____ in stock? 이 약이 재고가 있나요?

B: We might. Let me _____ for you.
있을지도 몰라요. 확인해 드릴게요.

B: I'm _____ it's out of stock, ma'am.
유감이지만 재고가 없네요, 부인.

A: _____. I really need it right away.
오, 이런. 정말 바로 필요하거든요.

STEP 2

빈칸 단어 익히기 | 예문으로 단어의 쓰임을 익히세요.

- **medicine** 약
  I forgot my medicine at home. 나 약을 집에 두고 왔어.
  I have to take my medicine twice a day. 난 하루에 두 번 약을 먹어야 돼.

- **check** 확인하다
  Did you check under the bed? 침대 밑도 확인했어?
  Check your pockets. 주머니를 확인해 봐.

- **afraid** 두려운, 유감인, 아쉬운
  I am afraid of heights. 나 고소 공포증이 있어.
  I am afraid they are not here. 유감이지만, 그들은 여기 없어요.

- **Oh, bummer.** 오, 이런.
  Oh, bummer. I will come back later, then. 오, 이런. 그럼, 다음에 다시 올게요.
  Oh, bummer. It's too bad... 오, 이런. 아쉽네요…

STEP 3 핵심 패턴 익히기 | 방송을 시청하며 각 문장의 핵심 패턴을 익히세요.

A: **Do you have this medicine in stock?** 이 약이 재고가 있나요?
have (명사) + in stock (명사)가 재고가/재고로 있다
We have them in stock. 그것들은 저희 재고로 있습니다.
Do you have this part in stock? 이 부품이 재고가 있나요?

B: **We might. Let me check for you.** 있을지도 몰라요. 확인해 드릴게요.
might (동사원형) (동사원형)할지도 모른다
You might regret it. 넌 그걸 후회할지도 몰라.
I might come early. 나 일찍 올지도 몰라.

B: **I'm afraid it's out of stock, ma'am.** 유감이지만 재고가 없네요, 부인.
out of stock 재고가 없는
That model is out of stock. 그 모델은 재고가 없어요.
This book is out of stock. 이 책은 재고가 없어요.

A: **Oh, bummer. I really need it right away.**
오, 이런. 정말 바로 필요하거든요.
right away 즉시, 바로
I will do that right away. 그걸 즉시 할게요.
Call me right away. 나한테 바로 전화해.

STEP 4 직접 손영작/입영작 | 핵심 패턴을 사용하여 손으로 영작하고 입으로 영작하세요.

1. 그 자전거는 저희 재고로 있어요. _____

2. 우린 늦을지도 몰라. _____

3. 이 우산은 재고가 없어요. _____

4. 즉시 돌아와. _____

정답 | 1. We have the bike in stock. 2. We might be late. 3. This umbrella is out of stock. 4. Come back right away.

DAY 069 욱하고 나서 미안해질 때가 있다 [관계]

방송시청 ____회 ▶ 손영작 ____회 ▶ 입영작 ____회 ▶ 반복낭독 ____회

STEP 1

Today's Dialogue | 방송으로 대화를 들으며 빈칸에 알맞은 단어를 최대한 채워 보세요.

A: I'm sorry for being _____ with you.
퉁명스럽게 대해서 미안해.

B: It's okay. I understand you're _____.
괜찮아. 너 스트레스받은 거 이해해.

A: I feel _____ bad. 마음이 정말 안 좋아.

B: Forget about it. We're _____. 잊어버려. 우리 화해한 거야.

STEP 2

빈칸 단어 익히기 | 예문으로 단어의 쓰임을 익히세요.

■ **short** 퉁명스러운
I am sorry I was short with you. 퉁명스럽게 대해서 미안해.
She was a bit short with me today. 걔는 나한테 오늘 좀 퉁명스러웠어.

■ **stressed** 스트레스받은
I was a bit stressed. 나 약간 스트레스받았어.
Don't be so stressed. 그렇게 스트레스받지 마.

■ **really** 정말로
I am really upset. 나 정말 기분 상했어.
You are really funny. 너 정말 웃겨.

■ **good** 화해한, 사이가 좋아진
Are we good? 우리 화해한 거야?
Yeah, we are good now. 어, 우리 이제 사이 괜찮아.

STEP 3 핵심 패턴 익히기 | 방송을 시청하며 각 문장의 핵심 패턴을 익히세요.

A: **I'm sorry for being short with you.** 퉁명스럽게 대해서 미안해.
I am sorry + for (~ing). (~ing)해서 미안해.
I am sorry for being rude. 무례하게 굴어서 미안해요.
I am sorry for lying to you. 너한테 거짓말해서 미안해.

B: **It's okay. I understand you're stressed.**
괜찮아. 너 스트레스받은 거 이해해.
I understand + (평서문). (평서문)인 거 이해해.
I understand this is difficult. 이게 어려운 거 이해해요.
I understand English is not your first language.
영어가 당신의 모국어가 아닌 거 이해해요.

A: **I feel really bad.** 마음이 정말 안 좋아.
feel bad 마음이 안 좋은
I felt so bad. 나 마음이 엄청 안 좋았어.
I feel bad for them. 난 그들에게 마음이 안 좋아.

B: **Forget about it. We're good.** 잊어버려. 우리 화해한 거야.
forget + about (명사) (명사)에 대해 잊다
Forget about his comment. 그의 말은 잊어.
Don't forget about me. 나에 대해 잊지 마.

STEP 4 직접 손영작/입영작 | 핵심 패턴을 사용하여 손으로 영작하고 입으로 영작하세요.

1. 널 밀어서 미안해. _____

2. 네가 화난 거 이해해. _____

3. 그들은 마음이 엄청 안 좋았어. _____

4. 넌 우리에 대해 잊었니? _____

정답 | **1.** I am sorry for pushing you. **2.** I understand you are mad. **3.** They felt so bad. **4.** Did you forget about us?

DAY 070 하이킹하기 좋은 공원 여행

방송시청 ____회 ▶ 손영작 ____회 ▶ 입영작 ____회 ▶ 반복낭독 ____회

STEP 1
Today's Dialogue | 방송으로 대화를 들으며 빈칸에 알맞은 단어를 최대한 채워 보세요.

A: Is there a good place to _____ nearby?
근처에 하이킹하러 갈 괜찮은 곳 있나요?

B: There's a _____ park inside the city.
시내에 엄청 큰 공원이 있어요.

A: How do I _____? 거기 어떻게 가죠?

B: You can _____ or take the subway.
버스나 지하철을 타시면 돼요.

STEP 2
빈칸 단어 익히기 | 예문으로 단어의 쓰임을 익히세요.

- **go hiking** 하이킹하러 가다
  Let's go hiking together. 같이 하이킹하러 가자.
  I went hiking with my boss. 나 우리 부장님이랑 하이킹하러 갔어.

- **huge** 엄청 큰, 엄청 난
  The monster was huge! 그 괴물은 엄청 컸어!
  It's a huge opportunity. 그건 엄청난 기회야.

- **get there** 거기에 가다, 도착하다
  I can get there soon. 나 거기 금방 도착할 수 있어.
  I got there on time. 나 거기 늦지 않게 갔어.

- **take a bus** 버스를 타다, 버스를 이용하다
  Should we take a bus? 우리 버스 타야 하나?
  Did you take a bus? 너 버스 이용했어?

STEP 3 핵심 패턴 익히기 | 방송을 시청하며 각 문장의 핵심 패턴을 익히세요.

A: **Is there a good place to go hiking nearby?**
근처에 하이킹하러 갈 괜찮은 곳 있나요?
Is there a good place + to (동사원형)? (동사원형)할 괜찮은 곳이 있나요?
Is there a good place to visit? 방문할 괜찮은 곳이 있나요?
Is there a good place to stay at? 머물 만한 괜찮은 곳이 있나요?

B: **There's a huge park inside the city.** 시내에 엄청 큰 공원이 있어요.
inside (명사) (명사)의 안에
The convenience store is inside the zoo. 그 편의점은 동물원 안에 있어.
What's inside the trunk? 트렁크 안에는 뭐가 있죠?

A: **How do I get there?** 거기 어떻게 가죠?
How (질문 어순)? 어떻게 (질문 어순)이죠?
How do I lock this phone? 이 전화기를 어떻게 잠그죠?
How did you know my name? 제 이름을 어떻게 아셨죠?

B: **You can take a bus or take the subway.** 버스나 지하철을 타시면 돼요.
take the subway 지하철을 타다/이용하다
We just took the subway. 우리 그냥 지하철 탔어.
Why don't we take the subway? 우리 지하철 이용하는 게 어때?

STEP 4 직접 손영작/입영작 | 핵심 패턴을 사용하여 손으로 영작하고 입으로 영작하세요.

1. 갈 만한 괜찮은 곳이 있나요? _____

2. 그 열쇠는 그 서랍 안에 있어. _____

3. 너 그거 어떻게 알았어? _____

4. 나 지하철 타고 싶지 않아. _____

정답 | 1. Is there a good place to go? 2. The key is inside the drawer. 3. How did you know that? 4. I don't want to take the subway.

DAY 071 아이와 함께 집 치우기 [가정]

방송시청 ____회 ▶ 손영작 ____회 ▶ 입영작 ____회 ▶ 반복낭독 ____회

STEP 1

Today's Dialogue | 방송으로 대화를 들으며 빈칸에 알맞은 단어를 최대한 채워 보세요.

A: Can you help me clean up the _____?
집 치우는 거 좀 도와주겠니?

B: Okay, where should I _____? 네, 어디서부터 시작해야 할까요?

A: Start with putting away the _____.
장난감들 치우는 거부터 시작하렴.

B: I can _____ that for sure! 그 정도는 확실히 처리할 수 있죠!

STEP 2

빈칸 단어 익히기 | 예문으로 단어의 쓰임을 익히세요.

■ **house** 집
He owns a house. 걔는 집을 가지고 있어.
They bought their house. 걔네는 집을 샀어.

■ **start** 시작하다
Let's start. 시작합시다.
The party has started. 그 파티는 시작했어.

■ **toy** 장난감
Buy him a toy. 걔한테 장난감을 사 줘.
The toy is broken. 그 장난감은 고장 났어.

■ **handle** 처리하다, 다루다, 감당하다
I handled it nicely. 난 그걸 잘 처리했어.
Can you handle this? 너 이거 감당할 수 있어?

STEP 3 핵심 패턴 익히기 | 방송을 시청하며 각 문장의 핵심 패턴을 익히세요.

A: **Can you help me clean up the house?** 집 치우는 거 좀 도와주겠니?
   clean up (명사) (명사)를 치우다
   I cleaned up the garage. 난 차고를 치웠어.
   Clean up the office. 사무실을 치워.

B: **Okay, where should I start?** 네, 어디서부터 시작해야 할까요?
   Where (질문 어순)? 어디로/어디에서/어디를 (질문 어순)이니?
   Where did they go? 걔네는 어디로 갔니?
   Where should we go? 우리 어디를 가야 할까?

A: **Start with putting away the toys.** 장난감들 치우는 거부터 시작하렴.
   put away (명사) (명사)를 치우다
   Put away the dolls. 그 인형들을 치워.
   She put away the snacks. 걔는 그 간식들을 치웠어.

B: **I can handle that for sure!** 그 정도는 확실히 처리할 수 있죠!
   for sure 확실히
   We can help you for sure. 저희는 확실히 당신을 도와줄 수 있어요.
   They will win for sure. 그들은 확실히 이길 거야.

STEP 4 직접 손영작/입영작 | 핵심 패턴을 사용하여 손으로 영작하고 입으로 영작하세요.

1. 난 내 방을 치우는 걸 잊었어. _____

2. 너 어디에서 머물렀어? _____

3. 그 장난감 차들을 치워. _____

4. 난 그걸 확실히 알아. _____

정답 | 1. I forgot to clean up my room. 2. Where did you stay? 3. Put away the toy cars. 4. I know that for sure.

창고 세일 구경 가자

방송시청 ____ 회 ▶ 손영작 ____ 회 ▶ 입영작 ____ 회 ▶ 반복낭독 ____ 회

STEP 1

Today's Dialogue | 방송으로 대화를 들으며 빈칸에 알맞은 단어를 최대한 채워 보세요.

A: Are you free to _____ this weekend?
이번 주말에 놀 시간 돼?

B: What do you want to _____? 뭘 하고 싶은데?

A: How about going to a _____? 창고 세일 가는 거 어때?

B: Sweet! I can't _____! 좋아! 못 기다리겠어!

STEP 2

빈칸 단어 익히기 | 예문으로 단어의 쓰임을 익히세요.

- **hang out** 놀다
  Let's hang out. 놀자.
  We hung out yesterday. 우리 어제 놀았어.

- **do** 하다
  Just do it. 그냥 그걸 해 버려.
  I already did that. 나 그거 벌써 했어.

- **garage sale** 창고 세일
  There will be a garage sale soon. 곧 창고 세일이 있을 거야.
  Let's go to the garage sale. 그 창고 세일에 가자.

- **wait** 기다리다
  Wait inside. 안에서 기다려.
  Can you wait for me? 절 기다려 줄 수 있어요?

STEP 3 핵심 패턴 익히기 | 방송을 시청하며 각 문장의 핵심 패턴을 익히세요.

A: **Are you free to hang out this weekend?** 이번 주말에 놀 시간 돼?
Are you free + to (동사원형)? 너 (동사원형)할 시간 돼?
Are you free to go to the movies? 영화 보러 갈 시간 돼?
Are you free to come over tomorrow? 너 내일 들를 시간 돼?

B: **What do you want to do?** 뭘 하고 싶은데?
What do you want to (동사원형)? 너 뭘 (동사원형)하고 싶어?
What do you want to eat? 너 뭐 먹고 싶어?
What do you want to listen to? 너 뭐 듣고 싶어?

A: **How about going to a garage sale?** 창고 세일 가는 거 어때?
How about (~ing)? (~ing)하는 거 어때?
How about watching a movie? 영화를 보는 건 어때?
How about studying together? 같이 공부하는 거 어때?

B: **Sweet! I can't wait!** 좋아! 못 기다리겠어!
can't (동사원형) (동사원형)할 수 없다/못한다
I can't wait for you. 난 널 기다릴 수 없어.
She can't sing high. 걔는 고음으로 노래 못해.

STEP 4 직접 손영작/입영작 | 핵심 패턴을 사용하여 손으로 영작하고 입으로 영작하세요.

1. 너 오늘 놀 시간 돼? _____

2. 너 뭐 마시고 싶어? _____

3. 여기 머무는 건 어때? _____

4. 난 빨리 달리지 못해. _____

정답 | 1. Are you free to hang out today? 2. What do you want to drink? 3. How about staying here? 4. I can't run fast.

DAY 073 플로리스트님이 알아서 해 주세요

직업

방송시청 _____회 ▶ 손영작 _____회 ▶ 입영작 _____회 ▶ 반복낭독 _____회

STEP 1

Today's Dialogue | 방송으로 대화를 들으며 빈칸에 알맞은 단어를 최대한 채워 보세요.

A: I need a _____ for a friend's birthday.
친구 생일에 꽃다발이 필요한데요.

B: What kind of flowers _____? 어떤 류의 꽃을 원하시나요?

A: I don't know much about _____. 제가 꽃을 잘 몰라요.

B: Don't _____. I'll take care of it.
걱정 마세요. 제가 알아서 해 드릴게요.

STEP 2

빈칸 단어 익히기 | 예문으로 단어의 쓰임을 익히세요.

- **bouquet** 꽃다발
  He gave me a bouquet of flowers. 그는 내게 꽃다발을 줬어.
  Get her a bouquet. 걔한테 꽃다발을 사 줘.

- **would you like** 원하시나요
  What flavor would you like? 무슨 맛을 원하시나요?
  What color would you like? 무슨 색을 원하시나요?

- **flower** 꽃
  My mom loves flowers. 우리 엄마는 꽃을 사랑하셔.
  I smell some flowers. 꽃향기가 좀 난다.

- **worry** 걱정하다
  Don't worry too much. 너무 걱정하지 마.
  He worries too much. 걔는 너무 걱정이 많아.

STEP 3 핵심 패턴 익히기 | 방송을 시청하며 각 문장의 핵심 패턴을 익히세요.

A: **I need a bouquet for a friend's birthday.**
친구 생일에 꽃다발이 필요한데요.
need (명사) (명사)가 필요하다
I need more time. 난 시간이 더 필요해.
She needs rest. 그녀는 휴식이 필요해.

B: **What kind of flowers would you like?** 어떤 류의 꽃을 원하시나요?
What kind of (명사) 무슨 류의 (명사) / 어떤 (명사)
What kind of clothes would you like? 어떤 류의 옷을 원하시죠?
What kind of car do you have? 너 어떤 차가 있는데?

A: **I don't know much about flowers.** 제가 꽃을 잘 몰라요.
I don't know much + about (명사). 난 (명사)를 잘 몰라.
I don't know much about women. 난 여자를 잘 몰라.
I don't know much about cars. 난 차를 잘 몰라.

B: **Don't worry. I'll take care of it.** 걱정 마세요. 제가 알아서 해 드릴게요.
take care + of (명사) (명사)를 알아서 하다/처리하다
I already took care of the problem. 저 그 문제 벌써 알아서 했어요.
Take care of it today. 그걸 오늘 처리해.

STEP 4 직접 손영작/입영작 | 핵심 패턴을 사용하여 손으로 영작하고 입으로 영작하세요.

1. 우린 더 많은 돈이 필요해. _____

2. 무슨 류의 음료를 원하시나요? _____

3. 난 남자를 잘 몰라. _____

4. 너 그거 처리했어? _____

정답 | 1. We need more money. 2. What kind of drink would you like? 3. I don't know much about men. 4. Did you take care of it?

DAY 074 힘들어하는 친구에게

방송시청 ____회 ▶ 손영작 ____회 ▶ 입영작 ____회 ▶ 반복낭독 ____회

STEP 1

Today's Dialogue | 방송으로 대화를 들으며 빈칸에 알맞은 단어를 최대한 채워 보세요.

A: Raymond's _____ passed away.
Raymond의 할아버지께서 돌아가셨어.

B: Oh, no… He must be really _____.
오, 이런… 정말 충격이 크겠다.

A: Yeah, he's taking it really _____. 응, 많이 힘들어하고 있어.

B: Let's do something to _____ him.
위로하기 위해 뭔가를 해 주자.

STEP 2

빈칸 단어 익히기 | 예문으로 단어의 쓰임을 익히세요.

- **grandfather** 할아버지
  I miss my grandfather. 저희 할아버지가 그리워요.
  His grandfather was a cop. 그의 할아버지는 경찰이셨어.

- **devastated** 큰 충격을 받은
  His family was devastated. 그의 가족은 큰 충격을 받았어.
  I was devastated. 난 충격이 컸어.

- **hard** 힘든 / 힘들게, 세게
  Life is hard. 인생은 힘들어.
  She hit me hard. 걔는 날 세게 때렸어.

- **support** 위로하다, 지지하다, 지원하다
  Please support the children. 그 아이들을 지원해 주세요.
  I support the man. 난 그 남자를 지지해.

STEP 3 핵심 패턴 익히기 | 방송을 시청하며 각 문장의 핵심 패턴을 익히세요.

A: Raymond's grandfather passed away.
Raymond의 할아버지께서 돌아가셨어.
`pass away` 돌아가시다, 세상을 떠나다
Her grandma passed away. 그녀의 할머니가 돌아가셨어.
The actor passed away. 그 배우는 세상을 떠났어.

B: Oh, no... He must be really devastated. 오, 이런… 정말 충격이 크겠다.
`must be (형용사)` 분명 (형용사)할 것이다/하겠구나
She must be lonely. 걔는 분명 외로울 거야.
You must be disappointed. 너 실망했겠구나.

A: Yeah, he's taking it really hard. 응, 많이 힘들어하고 있어.
`take it hard` 힘들어하다
Don't take it too hard. 너무 힘들어하지 마.
She took it really hard. 그녀는 정말 힘들어했어.

B: Let's do something to support him. 위로하기 위해 뭔가를 해 주자.
`to (동사원형)` (동사원형)하기 위해/하려고
She is working to make money. 걔는 돈을 벌기 위해 일하고 있어.
I went there to see her. 난 걔를 보려고 거기에 갔어.

STEP 4 직접 손영작/입영작 | 핵심 패턴을 사용하여 손으로 영작하고 입으로 영작하세요.

1. 그의 친구가 세상을 떠났어. _____

2. 그들은 분명 똑똑할 거야. _____

3. 그의 친구는 정말 힘들어했어. _____

4. 난 살을 빼려고 운동 중이야. _____

정답 | **1.** His friend passed away. **2.** They must be smart. **3.** His friend took it really hard. **4.** I am working out to lose weight.

DAY 075 서울에 처음 온 외국인 도와주기   여행

방송시청 _____ 회 ▶ 손영작 _____ 회 ▶ 입영작 _____ 회 ▶ 반복낭독 _____ 회

STEP 1
Today's Dialogue | 방송으로 대화를 들으며 빈칸에 알맞은 단어를 최대한 채워 보세요.

A: What's the best way to get around the _____?
시내를 돌아다닐 가장 좋은 방법이 뭐죠?

B: _____ is very convenient in Seoul.
서울엔 대중교통이 아주 편리해요.

A: Do you need a _____ for that? 패스가 필요한가요?

B: Yes, you can buy one at most _____.
네, 대부분의 편의점에서 살 수 있어요.

STEP 2
빈칸 단어 익히기 | 예문으로 단어의 쓰임을 익히세요.

- **city** 도시, 시내
  They went out to the city. 걔네는 시내로 나갔어.
  I love city life. 난 도시의 삶이 좋아.

- **public transportation** 대중교통
  I use public transportation. 난 대중교통을 이용해.
  Do you use public transportation often? 대중교통을 자주 이용하세요?

- **pass** 패스, 이용권
  This is a VIP pass. 이건 VIP 패스야.
  They sent me a free pass. 그들은 내게 자유 이용권을 보냈어.

- **convenience store** 편의점
  Convenience stores are everywhere in Korea. 한국엔 모든 곳에 편의점이 있어.
  She entered the convenience store. 그녀는 그 편의점에 들어갔어.

STEP 3

핵심 패턴 익히기 | 방송을 시청하며 각 문장의 핵심 패턴을 익히세요.

A: **What's the best way to get around the city?**
시내를 돌아다닐 가장 좋은 방법이 뭐죠?
What's the best way + to (동사원형)? (동사원형)할 가장 좋은 방법은 뭐죠?
What's the best way to master English? 영어를 마스터할 가장 좋은 방법이 뭐야?
What's the best way to lose weight? 살을 빼는 가장 좋은 방법은 뭐지?

B: **Public transportation is very convenient in Seoul.**
서울엔 대중교통이 아주 편리해요.
in (지역) (지역)에, (지역)에서
That's common in Korea. 그건 한국에서는 흔해요.
We both live in Texas. 우린 둘 다 텍사스에 살아.

A: **Do you need a pass for that?** 패스가 필요한가요?
Do you need (명사)? (명사)가 필요한가요?
Do you need some help? 도움이 좀 필요한가요?
Do you need my advice? 내 조언이 필요해?

B: **Yes, you can buy one at most convenience stores.**
네, 대부분의 편의점에서 살 수 있어요.
at (장소) (장소)에, (장소)에서
I am at the airport. 나 공항에 있어.
She works at home. 걔는 집에서 일해.

STEP 4

직접 손영작/입영작 | 핵심 패턴을 사용하여 손으로 영작하고 입으로 영작하세요.

1. 중국어를 배우는 가장 좋은 방법이 뭐죠? _____
2. 내 아들은 파리에 살아. _____
3. 너 현금이 좀 필요하니? _____
4. 우린 은행에 있어. _____

정답 | 1. What's the best way to learn Chinese? 2. My son lives in Paris. 3. Do you need some cash? 4. We are at the bank.

DAY 076 하와이? 나도 가고는 싶지

가정

방송시청 ____회 ▶ 손영작 ____회 ▶ 입영작 ____회 ▶ 반복낭독 ____회

STEP 1

Today's Dialogue | 방송으로 대화를 들으며 빈칸에 알맞은 단어를 최대한 채워 보세요.

A: Where should we go for our _____?
우리 휴가 어디로 가야 할까요?

B: How about Hawaii _____? 올해는 하와이 어때요?

A: That sounds great, but plane tickets are _____. 좋긴 한데, 비행기 표가 비싸요.

B: Let's think of an _____. 대안으로 갈 곳을 생각해 봅시다.

STEP 2

빈칸 단어 익히기 | 예문으로 단어의 쓰임을 익히세요.

- **vacation** 휴가
  Should we go on vacation? 우리 휴가 가는 게 좋을까?
  They got back from their vacation. 그들은 휴가에서 돌아왔어.

- **this year** 올해에
  I can't go this year. 나 올해엔 못 가.
  Let's go to California this year. 올해 캘리포니아에 가자.

- **expensive** 비싼
  Food is expensive here. 여긴 음식이 비싸.
  She has an expensive bag. 걔는 비싼 가방이 있어.

- **alternative** 대안
  Is there an alternative? 대안이 있나요?
  We have two alternatives. 우린 대안이 두 개 있어.

STEP 3 핵심 패턴 익히기 | 방송을 시청하며 각 문장의 핵심 패턴을 익히세요.

A: Where should we go for our vacation? 우리 휴가 어디로 가야 할까요?
`Where (질문 어순)?` 어디로/어디에/어디에서 (질문 어순)이니?
Where should we go for lunch? 우리 점심 먹으러 어디 가야 할까?
Where do you live? 너 어디에 살아?

B: How about Hawaii this year? 올해는 하와이 어때요?
`How about (명사)?` (명사)는 어때?
How about Busan? 부산은 어때?
How about this Saturday? 이번 주 토요일은 어때?

A: That sounds great, but plane tickets are expensive.
좋긴 한데, 비행기 표가 비싸요.
`sound (형용사)` (형용사)하게 들리다 / 들어 보니 (형용사)하다
That sounds perfect! 완벽하게 들리는데! (→ 아주 좋은데!)
That sounds fair. 공평하게 들리네. (→ 공평한 것 같네.)

B: Let's think of an alternative. 대안으로 갈 곳을 생각해 봅시다.
`think + of (명사)` (명사)를 떠올리다/생각하다
Think of a number. 숫자를 하나 떠올려 봐.
Let's think of something else. 다른 걸 생각해 보자.

STEP 4 직접 손영작/입영작 | 핵심 패턴을 사용하여 손으로 영작하고 입으로 영작하세요.

1. 너 어제 어디 갔어? _____

2. 금요일은 어때? _____

3. 그거 불공평하게 들리네. _____

4. 난 널 떠올렸어. _____

정답 | 1. Where did you go yesterday? 2. How about Friday? 3. That sounds unfair. 4. I thought of you.

DAY 077 6월에 아이스크림은 못 참지 — 일상

방송시청 _____ 회 ▶ 손영작 _____ 회 ▶ 입영작 _____ 회 ▶ 반복낭독 _____ 회

STEP 1

Today's Dialogue | 방송으로 대화를 들으며 빈칸에 알맞은 단어를 최대한 채워 보세요.

A: Did you see the new _____ shop?
새로 생긴 아이스크림 가게 봤어?

B: Yes, I _____ by it yesterday. 어, 어제 그 근처로 지나갔어.

A: Let's go after school and try some _____.
학교 끝나고 가서 맛 좀 보자.

B: That sounds like a great idea! _____!
멋진 아이디어 같아! 콜!

STEP 2

빈칸 단어 익히기 | 예문으로 단어의 쓰임을 익히세요.

- **ice cream** 아이스크림
  I want some ice cream. 나 아이스크림 좀 먹고 싶어.
  I dropped my ice cream. 나 아이스크림 떨어뜨렸어.

- **walk** 걷다
  Walk slowly. 천천히 걸어.
  We walked together. 우린 같이 걸었어.

- **flavor** 맛, 취향
  What's your favorite flavor? 네가 가장 좋아하는 맛은 뭐야?
  I want the strawberry flavor. 저 딸기 맛 주세요.

- **I'm in!** 나 참여할래!, 나도 할래!
  A: Are you in? / B: Yeah, I'm in. A: 너 할래? / B: 응, 할래.
  I'm good at soccer. I'm in! 나 축구 잘해. 나도 할래!

STEP 3 핵심 패턴 익히기 | 방송을 시청하며 각 문장의 핵심 패턴을 익히세요.

A: **Did you see the new ice cream shop?** 새로 생긴 아이스크림 가게 봤어?
Did you (동사원형)? 너 (동사원형)했어?
Did you see that helicopter? 너 저 헬리콥터 봤어?
Did you eat something? 너 뭔가 먹었니?

B: **Yes, I walked by it yesterday.** 어, 어제 그 근처로 지나갔어.
walk by (명사) (명사) 근처를 지나가다
I always walked by it. 전 항상 거기 근처를 지나갔어요.
I walked by your office. 나 너희 사무실 근처 지나갔어.

A: **Let's go after school and try some flavors.**
학교 끝나고 가서 맛 좀 보자.
after school 학교 끝나고, 방과 후에
Let's meet up after school. 학교 끝나고 만나자.
I came home after school. 나 학교 끝나고 집에 왔어.

B: **That sounds like a great idea! I'm in!** 멋진 아이디어 같아! 콜!
sound + like (명사) (명사)같이 들리다 / 들어 보니 (명사) 같다
It sounds like a terrible idea. 그거 형편없는 아이디어같이 들려.
It sounded like a bird. 그건 들어 보니 새 같았어.

STEP 4 직접 손영작/입영작 | 핵심 패턴을 사용하여 손으로 영작하고 입으로 영작하세요.

1. 너 방금 하품했니? _____

2. 나 그 미용실 근처로 지나갔어. _____

3. 학교 끝나고 나한테 전화해. _____

4. 그거 들어 보니 좋은 계획 같아. _____

정답 | 1. Did you just yawn? 2. I walked by the hair salon. 3. Call me after school. 4. It sounds like a good plan.

DAY 078 수염 다듬는데 약간 떨려

직업

방송시청 _____ 회 ▶ 손영작 _____ 회 ▶ 입영작 _____ 회 ▶ 반복낭독 _____ 회

STEP 1
Today's Dialogue | 방송으로 대화를 들으며 빈칸에 알맞은 단어를 최대한 채워 보세요.

A: **Can you trim my _____ a little bit?**
수염을 약간 다듬어 주실 수 있나요?

B: **How much should I _____?** 얼마나 다듬어 드려야 할까요?

A: **I just want to keep it _____.** 그냥 깔끔하게만 유지하고 싶어요.

B: **No problem. That's my _____.**
문제없죠. 그게 제 전문입니다.

STEP 2
빈칸 단어 익히기 | 예문으로 단어의 쓰임을 익히세요.

■ **beard** 수염
I want to grow a beard. 나 수염 기르고 싶어.
I saw a man with a beard. 나 수염 난 남자를 봤어.

■ **trim** 다듬다
She trimmed my hair. 그녀가 내 머리를 다듬어 줬어.
I trimmed my sideburns. 나 구레나룻 다듬었어.

■ **neat** 깔끔한, 멋진
His handwriting is neat. 걔는 글씨가 깔끔해.
That's neat! 그거 멋지다!

■ **specialty** 전문
What's your specialty? 뭘 전문으로 하세요?
Her specialty is baking cakes. 케이크 굽는 게 걔 전문이야.

STEP 3 핵심 패턴 익히기 | 방송을 시청하며 각 문장의 핵심 패턴을 익히세요.

A: **Can you trim my beard a little bit?** 수염을 약간 다듬어 주실 수 있나요?
a little bit 약간
I am confused a little bit. 나 약간 헷갈려.
Move over a little bit. 약간 옆으로 가.

B: **How much should I trim?** 얼마나 다듬어 드려야 할까요?
How much (질문 어순)? 얼마나 (질문 어순)인가요?
How much did you eat? 너 얼마나 먹었니?
How much do you need? 너 얼마나 필요해?

A: **I just want to keep it neat.** 그냥 깔끔하게만 유지하고 싶어요.
keep (명사) (형용사) (명사)를 (형용사)하게 유지하다
I want to keep my hair short. 전 머리를 짧게 유지하고 싶어요.
Keep the door closed. 그 문을 닫힌 채로 유지해. (→ 닫고 있어.)

B: **No problem. That's my specialty.** 문제없죠. 그게 제 전문입니다.
No problem. 문제없죠.
No problem. I can do that. 문제없죠. 그렇게 해 드릴 수 있어요.
No problem, ma'am. 문제없죠, 부인. (→ 천만에요, 부인.)

STEP 4 직접 손영작/입영작 | 핵심 패턴을 사용하여 손으로 영작하고 입으로 영작하세요.

1. 약간 추워. _____

2. 너 얼마나 원해? _____

3. 전 제 손톱을 짧게 유지하고 싶어요. _____

4. 문제없죠, 선생님. _____

정답 | **1.** It's a little bit cold. **2.** How much do you want? **3.** I want to keep my nails short. **4.** No problem, sir.

네 생일을 모르는 게 더 이상하지

관계

방송시청 ____회 ▶ 손영작 ____회 ▶ 입영작 ____회 ▶ 반복낭독 ____회

STEP 1

Today's Dialogue | 방송으로 대화를 들으며 빈칸에 알맞은 단어를 최대한 채워 보세요.

A: **Thanks for the surprise _____ ! I didn't see it coming!** 서프라이즈 저녁 고마워! 예상도 못했어!

B: **I'm glad you _____ it.** 즐겼다니 다행이야.

A: **How did you know my _____ ?** 내 생일 어떻게 알았어?

B: **I _____ it on Instakilogram.** Instakilogram에서 봤지.

STEP 2

빈칸 단어 익히기 | 예문으로 단어의 쓰임을 익히세요.

- **dinner** 저녁 식사
  What's for dinner? 저녁 식사는 뭐야? (→ 저녁으로 뭐 먹어?)
  We had a romantic dinner. 우린 로맨틱한 저녁을 먹었어.

- **enjoy** 즐기다
  Enjoy the movie. 영화를 즐기세요.
  I enjoy watching movies. 나 영화 보는 거 즐겨.

- **birthday** 생일
  Is today your birthday? 오늘이 네 생일이야?
  When is your birthday? 네 생일 언제야?

- **saw** 봤다 (see의 과거형)
  I saw a whale! 나 고래 봤어!
  She saw a ghost. 걔는 귀신을 봤어.

STEP 3 핵심 패턴 익히기 | 방송을 시청하며 각 문장의 핵심 패턴을 익히세요.

A: **Thanks for the surprise dinner! I didn't see it coming!**
서프라이즈 저녁 고마워! 예상도 못했어!
Thanks + for (명사). (명사)에 고마워.
Thanks for your help. 도움에 고마워.
Thanks for your support. 성원에 고마워요.

B: **I'm glad you enjoyed it.** 즐겼다니 다행이야.
I'm glad (평서문). (평서문)이라 기뻐/다행이야.
I'm glad you guys are here. 너희가 여기 와 줘서 기뻐.
I'm glad she is okay. 걔가 괜찮아서 다행이야.

A: **How did you know my birthday?** 내 생일 어떻게 알았어?
How (질문 어순)? 어떻게 (질문 어순)이야?
How did you know my name? 내 이름 어떻게 알았어?
How do I open this? 이거 어떻게 열어요?

B: **I saw it on Instakilogram.** Instakilogram에서 봤지.
on (웹사이트류) (웹사이트류)에서
I read it on their website. 나 그거 걔네 웹사이트에서 읽었어.
You can find it on my blog. 그거 내 블로그에서 찾을 수 있어.

STEP 4 직접 손영작/입영작 | 핵심 패턴을 사용하여 손으로 영작하고 입으로 영작하세요.

1. 모든 것에 고마워. _____

2. 걔네가 괜찮아서 다행이야. _____

3. 너 어떻게 내 전화번호를 알았어? _____

4. 나 그거 네 블로그에서 읽었어. _____

정답 | **1.** Thanks for everything. **2.** I'm glad they are okay. **3.** How did you know my phone number? **4.** I read it on your blog.

10분 정도면 운전해서 갈 만하지

여 행

방송시청 ____ 회 ▶ 손영작 ____ 회 ▶ 입영작 ____ 회 ▶ 반복낭독 ____ 회

STEP 1

Today's Dialogue | 방송으로 대화를 들으며 빈칸에 알맞은 단어를 최대한 채워 보세요.

A: **Can you recommend a good hotel in this _____?** 이 지역에 괜찮은 호텔 추천해 줄 수 있어요?

B: **City View Hotel is a _____ choice.**
City View Hotel이 인기 많은 선택이죠.

A: **Is it within walking distance _____?**
여기서 도보 가능 거리 내에 있어요?

B: **No, it's a 10-_____ drive.** 아뇨, 차로 10분 거리예요.

STEP 2

빈칸 단어 익히기 | 예문으로 단어의 쓰임을 익히세요.

■ **area** 지역
This is a private area. 여긴 사유지입니다.
It's a dangerous area. 거긴 위험한 지역이야.

■ **popular** 인기 많은
WCB English is a popular program. 왕초보영어는 인기 많은 프로그램이야.
Minji is a popular girl. 민지는 인기 많은 여자애야.

■ **from here** 여기서, 여기로부터
It's far from here. 거긴 여기서 멀어.
It's not that far from here. 거기 여기서 그렇게 멀진 않아.

■ **minute** 분
It took 40 minutes. 40분 걸렸어.
I need 30 more minutes. 저 30분 더 필요해요.

STEP 3 핵심 패턴 익히기 | 방송을 시청하며 각 문장의 핵심 패턴을 익히세요.

A: **Can you recommend a good hotel in this area?**
이 지역에 괜찮은 호텔 추천해 줄 수 있어요?

Can you recommend (명사)? (명사)를 추천해 줄 수 있어요?

Can you recommend a good repair shop? 괜찮은 정비소 추천해 줄 수 있어요?
Can you recommend a popular movie? 인기 많은 영화 추천해 줄 수 있어?

B: **City View Hotel is a popular choice.**
City View Hotel이 인기 많은 선택이죠.

(형용사) (명사) (형용사)한 (명사)

She is a famous actress. 그녀는 유명한 여배우야.
They are nice people. 그들은 좋은 사람들이야.

A: **Is it within walking distance from here?**
여기서 도보 가능 거리 내에 있어요?

within walking distance 도보 가능 거리 내에 있는

The shop is within walking distance. 그 가게는 도보 가능 거리 내에 있어.
What's within walking distance? 도보 가능 거리 내에 뭐가 있어요?

B: **No, it's a 10-minute drive.** 아뇨, 차로 10분 거리예요.

a (시간)-drive 차로 (시간) 거리

It's a 30-minute drive. 차로 30분 거리야.
It's only a 5-minute drive. 차로 겨우 5분 거리야.

STEP 4 직접 손영작/입영작 | 핵심 패턴을 사용하여 손으로 영작하고 입으로 영작하세요.

1. 괜찮은 노래 추천해 줄 수 있어? _____

2. 우린 절친이야. _____

3. 그 지하철역은 도보 가능 거리 내에 있어. _____

4. 차로 15분 거리야. _____

정답 | 1. Can you recommend a good song? 2. We are close friends. 3. The subway station is within walking distance. 4. It's a 15-minute drive.

DAY 081 그럼 이는 하루에 몇 번 닦은 게야?

가정

방송시청 _____ 회 ▶ 손영작 _____ 회 ▶ 입영작 _____ 회 ▶ 반복낭독 _____ 회

STEP 1

Today's Dialogue | 방송으로 대화를 들으며 빈칸에 알맞은 단어를 최대한 채워 보세요.

A: How often do you _____ your hair?
   너 얼마나 자주 머리 감니?

B: _____ a day, just like you said.
   엄마가 말씀하신 것처럼 하루에 두 번이요.

A: I said, "Brush your _____ twice a day…"
   하루에 두 번 이를 닦으랬지…

B: No wonder my hair's been so _____.
   어쩐지 머리가 엄청 건조하더라.

STEP 2

빈칸 단어 익히기 | 예문으로 단어의 쓰임을 익히세요.

■ **wash** 씻다, 감다
Wash your hands. 손 씻어.
I am washing my hair. 나 머리 감고 있어.

■ **twice** 두 번
She blinked twice. 걔는 눈을 두 번 깜빡였어.
I said it twice. 내가 그거 두 번이나 말했잖아.

■ **teeth** 이 (tooth의 복수형)
You have clean teeth. 이가 깨끗하네요.
The dentist pulled out my teeth. 치과 의사가 내 이를 뽑았어.

■ **dry** 건조한
The weather is so dry. 날씨가 엄청 건조해.
I have dry skin. 나는 건성 피부야.

STEP 3 핵심 패턴 익히기 | 방송을 시청하며 각 문장의 핵심 패턴을 익히세요.

A: How often do you wash your hair? 너 얼마나 자주 머리 감니?
How often (질문 어순)? 얼마나 자주 (질문 어순)이니?
How often do you take a bath? 너 얼마나 자주 목욕해?
How often do you visit your mom? 너 얼마나 자주 어머니를 방문해?

B: Twice a day, just like you said. 엄마가 말씀하신 것처럼 하루에 두 번이요.
(횟수) a day 하루에 (횟수)번
Eat three times a day. 하루에 세 번 먹으렴.
I exercise once a day. 난 하루에 한 번 운동해.

A: I said, "Brush your teeth twice a day..." 하루에 두 번 이를 닦으랬지…
brush one's teeth 이를 닦다
Did you brush your teeth? 너 이 닦았어?
I already brushed my teeth. 저 벌써 이 닦았어요.

B: No wonder my hair's been so dry. 어쩐지 머리가 엄청 건조하더라.
No wonder + (평서문). (평서문)일 만하네. (→ 어쩐지 (평서문)이더라.)
No wonder you are tired. 네가 피곤할 만하네.
No wonder she doesn't eat pork. 어쩐지 걔가 돼지고기를 안 먹더라.

STEP 4 직접 손영작/입영작 | 핵심 패턴을 사용하여 손으로 영작하고 입으로 영작하세요.

1. 너 얼마나 자주 영어를 공부해? _____

2. 나 하루에 두 번 영어를 공부해. _____

3. 난 하루에 세 번 이를 닦아. _____

4. 네가 배고플 만하네. _____

정답 | 1. How often do you study English? 2. I study English twice a day. 3. I brush my teeth three times a day. 4. No wonder you are hungry.

DAY 082 반전이 있는 소설은 못 참지 〔일상〕

방송시청 _____ 회 ▶ 손영작 _____ 회 ▶ 입영작 _____ 회 ▶ 반복낭독 _____ 회

STEP 1

Today's Dialogue | 방송으로 대화를 들으며 빈칸에 알맞은 단어를 최대한 채워 보세요.

A: I just finished reading a great _____.
나 방금 엄청 좋은 책 다 읽었어.

B: Oh, what's it _____? 오, 뭐에 관한 건데?

A: It's a mystery _____ with a twist at the end.
막판에 반전이 있는 미스터리 소설이야.

B: I love _____! Let me borrow it!
나 미스터리 너무 좋아! 그 책 좀 빌려줘!

STEP 2

빈칸 단어 익히기 | 예문으로 단어의 쓰임을 익히세요.

■ **book** 책
I like reading books. 나 책 읽는 거 좋아해.
Read some books! 책을 좀 읽어!

■ **about** ~에 관한, ~에 대한
It's about love. 그건 사랑에 관한 거야.
I am talking about you. 난 너에 대해 얘기하고 있는 거야.

■ **novel** 소설
Who wrote this novel? 누가 이 소설을 썼지?
It's a 500-page novel. 그건 500페이지짜리 소설이야.

■ **mystery** 미스터리
It's still a mystery. 그건 여전히 미스터리야.
They solved the mystery. 그들은 그 미스터리를 풀었어.

STEP 3 핵심 패턴 익히기 | 방송을 시청하며 각 문장의 핵심 패턴을 익히세요.

A: **I just finished reading a great book.** 나 방금 엄청 좋은 책 다 읽었어.
   `finish (~ing)` (~ing)하는 걸 다 마치다
   I just finished eating. 나 방금 먹는 거 마쳤어. (→ 다 먹었어.)
   Did you finish doing your homework? 너 숙제하는 거 다 마쳤니? (→ 다 끝냈니?)

B: **Oh, what's it about?** 오, 뭐에 관한 건데?
   `What is (명사) about?` (명사)는 뭐에 관한 거야?
   What is the movie about? 그 영화 뭐에 관한 거야?
   What is the story about? 그 얘기는 뭐에 관한 거야?

A: **It's a mystery novel with a twist at the end.**
   막판에 반전이 있는 미스터리 소설이야.
   `at the end` 끝에, 막판에
   It happens at the end. 그건 끝에 벌어져.
   There is a great scene at the end. 막판에 멋진 장면이 있어.

B: **I love mysteries! Let me borrow it!**
   나 미스터리 너무 좋아! 그 책 좀 빌려줘!
   `Let me (동사원형).` (동사원형)하게 해 줘.
   Let me borrow your car. 차 좀 빌리게 해 줘. (→ 빌려줘.)
   Let me help you. 널 도와주게 해 줘. (→ 도와줄게.)

STEP 4 직접 손영작/입영작 | 핵심 패턴을 사용하여 손으로 영작하고 입으로 영작하세요.

1. 너 그거 그리는 거 다 마쳤어?　_____

2. 그 책은 뭐에 관한 거야?　_____

3. 막판에 반전이 있어.　_____

4. 네 전화기를 빌리게 해 줘.　_____

정답 | 1. Did you finish drawing it? 2. What is the book about? 3. There is a twist at the end. 4. Let me borrow your phone.

깜박대는 부엌 조명

직업

방송시청 ____회 ▶ 손영작 ____회 ▶ 입영작 ____회 ▶ 반복낭독 ____회

STEP 1 Today's Dialogue | 방송으로 대화를 들으며 빈칸에 알맞은 단어를 최대한 채워 보세요.

A: The _____ keep flickering. 조명이 계속 깜박거려요.

B: Let me check the _____ for you. 전선들을 확인해 볼게요.

A: I hope it's an _____. 쉽게 고칠 수 있는 거면 좋겠네요.

B: _____ me a few minutes. 몇 분만 주세요.

STEP 2 빈칸 단어 익히기 | 예문으로 단어의 쓰임을 익히세요.

- **light** 조명, 불
  Turn off the lights. 조명을 꺼.
  Someone turned on the lights. 누군가 불을 켰어.

- **wire** 전선
  Cut the red wire. 빨간색 전선을 자르세요.
  I see too many wires. 전선이 너무 많이 보여.

- **easy fix** 쉽게 고칠 수 있는 것
  Don't worry. It's an easy fix. 걱정 마. 그거 쉽게 고칠 수 있는 거야.
  Is that an easy fix? 그거 쉽게 고칠 수 있는 거야?

- **give** 주다
  Give me more time. 나한테 시간을 더 줘.
  I gave it to Perry. 나 그거 Perry한테 줬어.

STEP 3 핵심 패턴 익히기 | 방송을 시청하며 각 문장의 핵심 패턴을 익히세요.

A: The lights keep flickering. 조명이 계속 깜박거려요.

keep (~ing) 계속 (~ing)하다

Keep moving your legs. 다리를 계속 움직이세요.
It kept flickering. 그게 계속 깜박거렸어.

B: Let me check the wires for you. 전선들을 확인해 볼게요.

for (목적어) (목적어)를 위해

I did it for you. 널 위해 그렇게 한 거야.
We are working for money. 우린 돈을 위해 일하고 있어.

A: I hope it's an easy fix. 쉽게 고칠 수 있는 거면 좋겠네요.

I hope + (평서문). (평서문)이면 좋겠어.

I hope it's easy. 그게 쉬우면 좋겠어.
I hope you come back soon. 네가 금방 돌아오면 좋겠다.

B: Give me a few minutes. 몇 분만 주세요.

a few (복수명사) (복수명사) 몇 개

I have a few questions. 나 질문이 몇 개 있어.
It will take a few minutes. 그거 몇 분 걸릴 거야.

STEP 4 직접 손영작/입영작 | 핵심 패턴을 사용하여 손으로 영작하고 입으로 영작하세요.

1. 그녀는 계속 춤췄어. _____

2. 그는 그녀를 위해 노래하고 있어. _____

3. 네가 피자를 좋아하면 좋겠네. _____

4. 나 몇 분 있어. _____

정답 | 1. She kept dancing. 2. He is singing for her. 3. I hope you like pizza. 4. I have a few minutes.

뭔가 피하는 거 같은 이 기분

관계

방송시청 ____회 ▶ 손영작 ____회 ▶ 입영작 ____회 ▶ 반복낭독 ____회

STEP 1

Today's Dialogue | 방송으로 대화를 들으며 빈칸에 알맞은 단어를 최대한 채워 보세요.

A: I'm so sad we _____ our movie night.
영화 보는 날을 놓쳐서 엄청 아쉬워.

B: I'm _____ sorry. Something came up.
진짜 미안해. 무슨 일이 좀 생겼어.

A: Can we do it _____? 오늘 밤에 봐도 될까?

B: I can't. I have to _____. 못 봐. 나 회사에서 야근해야 돼.

STEP 2

빈칸 단어 익히기 | 예문으로 단어의 쓰임을 익히세요.

- **miss** 놓치다
  I missed the train. 나 그 열차 놓쳤어.
  We can't miss the flight. 우리 그 항공편 놓치면 안 돼.

- **really** 정말, 진짜
  I am really scared. 나 정말 무서워.
  She is really rich. 걔는 진짜 부자야.

- **tonight** 오늘 밤 / 오늘 밤에
  They are leaving tonight. 걔네 오늘 밤에 떠나.
  Can I see you tonight? 오늘 밤에 널 볼 수 있을까?

- **stay late at work** 야근하다
  I stayed late at work. 나 야근했어.
  Are you staying late at work? 너 야근해?

STEP 3 핵심 패턴 익히기 | 방송을 시청하며 각 문장의 핵심 패턴을 익히세요.

A: **I'm so sad we missed our movie night.**
영화 보는 날을 놓쳐서 엄청 아쉬워.
`I'm so sad + (평서문).` (평서문)이라 엄청 슬퍼/아쉬워.
I'm so sad you have to leave. 네가 가야 해서 엄청 아쉬워.
I'm so sad it's the last episode. 그게 마지막 에피소드여서 엄청 아쉬워.

B: **I'm really sorry. Something came up.** 진짜 미안해. 무슨 일이 좀 생겼어.
`come up` (일 등이) 생기다
Let me know if something comes up. 무슨 일 생기면 알려 줘.
I will call you if anything comes up. 무슨 일이라도 생기면 전화할게.

A: **Can we do it tonight?** 오늘 밤에 봐도 될까?
`Can I/we (동사원형)?` (동사원형)해도 돼?
Can I go home? 저 집에 가도 돼요?
Can we stay longer? 저희 더 오래 있어도 돼요?

B: **I can't. I have to stay late at work.** 못 봐. 나 회사에서 야근해야 돼.
`have to (동사원형)` (동사원형)해야만 한다
I have to go to work. 나 출근해야 돼.
She has to sell her house. 걔는 자기 집을 팔아야 돼.

STEP 4 직접 손영작/입영작 | 핵심 패턴을 사용하여 손으로 영작하고 입으로 영작하세요.

1. 네가 못 온다니 엄청 아쉬워. _____

2. 집에서 무슨 일이 생겼어. _____

3. 저 화장실 써도 돼요? _____

4. 너 더 열심히 공부해야 돼. _____

정답 | 1. I'm so sad you can't come. 2. Something came up at home. 3. Can I use the bathroom? 4. You have to study harder.

정확한 번지를 알려 주셨군요

여 행

방송시청 ____회 ▶ 손영작 ____회 ▶ 입영작 ____회 ▶ 반복낭독 ____회

STEP 1

Today's Dialogue | 방송으로 대화를 들으며 빈칸에 알맞은 단어를 최대한 채워 보세요.

A: **Excuse me. I'm looking for a _____.**
실례지만, 서점을 찾고 있는데요.

B: **Have you been to Mayu _____?**
Mayu Books에 가 본 적 있으세요?

A: **No, I've never heard of that _____.**
아뇨, 한 번도 들어 본 적 없어요.

B: **It's _____ at 123 Peter Street.**
거긴 Peter Street 123번지에 위치해 있어요.

STEP 2

빈칸 단어 익히기 | 예문으로 단어의 쓰임을 익히세요.

■ **bookstore** 서점
I am inside the bookstore. 나 서점 안에 있어.
I found this at a bookstore. 나 이거 서점에서 찾았어.

■ **book** 책
Mayu has written many books. 마유는 많은 책을 썼어.
Whose book is this? 이거 누구 책이야?

■ **place** 곳, 장소
It's a popular place. 거기 인기 많은 곳이야.
Where is your place? 네 장소는 어디야? (→ 너 어디 살아?)

■ **located** 위치한
It's located in Gyeonggi-do. 그건 경기도에 위치해 있어.
Where is it located? 그건 어디에 위치해 있어? (→ 어디에 있어?)

STEP 3 핵심 패턴 익히기 | 방송을 시청하며 각 문장의 핵심 패턴을 익히세요.

A: **Excuse me. I'm looking for a bookstore.**
실례지만, 서점을 찾고 있는데요.
look + for (명사) (명사)를 찾다
I am looking for my friend. 제 친구를 찾고 있는데요.
Are you looking for a good hotel? 괜찮은 호텔을 찾고 있으세요?

B: **Have you been to Mayu Books?** Mayu Books에 가 본 적 있으세요?
have been + to (명사) (명사)에 가 본 적 있다
I have been to Singapore. 나 싱가포르 가 본 적 있어.
Have you been to Europe? 너 유럽 가 본 적 있어?

A: **No, I've never heard of that place.** 아뇨, 한 번도 들어 본 적 없어요.
I have never heard + of (명사). (명사)를 한 번도 들어 본 적 없어요.
I have never heard of it. 나 그거 한 번도 들어 본 적 없어.
I have never heard of the movie. 나 그 영화 한 번도 들어 본 적 없어.

B: **It's located at 123 Peter Street.** 거긴 Peter Street 123번지에 위치해 있어요.
at (주소) (주소)에
I live at 123 Coco Street. 저 Coco Street 123번지에 살아요.
It's located at 1116 Mayu Road. 그건 Mayu Road 1116번에 위치해 있어요.

STEP 4 직접 손영작/입영작 | 핵심 패턴을 사용하여 손으로 영작하고 입으로 영작하세요.

1. 너 네 가방 찾고 있니? _____

2. 너 멕시코 가 본 적 있어? _____

3. 나 한 번도 그 책 들어 본 적 없어. _____

4. 그건 310 Theresa Lane에 위치해 있어. _____

정답 | 1. Are you looking for your bag? 2. Have you been to Mexico? 3. I have never heard of the book. 4. It's located at 310 Theresa Lane.

DAY 086 혹시 본인이 할 게임을 산 거 아니야?

가정

방송시청 ____회 ▶ 손영작 ____회 ▶ 입영작 ____회 ▶ 반복낭독 ____회

STEP 1

Today's Dialogue | 방송으로 대화를 들으며 빈칸에 알맞은 단어를 최대한 채워 보세요.

A: Did you get a _____ for the birthday boy?
생일 주인공한테 줄 선물 샀어요?

B: I bought him a new _____. 새로 나온 게임 사 줬어요.

A: I told you to _____ him a book. 책을 사 주라고 했잖아요.

B: I'm _____ he will like the game better.
분명히 게임을 더 좋아할 거예요.

STEP 2

빈칸 단어 익히기 | 예문으로 단어의 쓰임을 익히세요.

- **present** 선물
  I have a present for you. 널 위한 선물이 있어.
  It's a birthday present for you. 널 위한 생일 선물이야.

- **game** 게임
  Let's play a game. 게임을 하자.
  They are playing a video game. 걔네는 비디오 게임을 하고 있어.

- **get** 사 주다, 가져다주다
  I got her a present. 나 걔한테 선물 사 줬어.
  Get me some water. 나한테 물 좀 가져다줘.

- **sure** 분명히 ~일 것인, 확신하는
  I am sure she is okay. 걔는 분명 괜찮을 거야.
  Are you sure? 너 확신해? (→ 확실해?)

STEP 3 핵심 패턴 익히기 | 방송을 시청하며 각 문장의 핵심 패턴을 익히세요.

A: **Did you get a present for the birthday boy?** 생일 주인공한테 줄 선물 샀어요?
get (명사) + for (목적어) (목적어)에게 줄 (명사)를 사다
I got a gift card for him. 나 걔한테 줄 선물 카드 샀어.
Did you get something for your son? 너 아들한테 줄 뭔가를 샀니?

B: **I bought him a new game.** 새로 나온 게임 사 줬어요.
buy (목적어) + (명사) (목적어)에게 (명사)를 사 주다
She bought me dinner. 걔가 나한테 저녁을 사 줬어.
Let me buy you lunch. 내가 너한테 점심 살게.

A: **I told you to get him a book.** 책을 사 주라고 했잖아요.
I told you + to (동사원형). 내가 (동사원형)하라고 했잖아.
I told you to stay inside. 내가 안에 있으라고 했잖아.
I told you to be quiet. 내가 조용히 하라고 했잖아.

B: **I'm sure he will like the game better.** 분명히 게임을 더 좋아할 거예요.
like (목적어) better (목적어)를 더 좋아하다/더 마음에 들어 하다
She likes K-pop better. 걔는 케이팝을 더 좋아해.
I like this logo better. 난 이 로고가 더 마음에 들어.

STEP 4 직접 손영작/입영작 | 핵심 패턴을 사용하여 손으로 영작하고 입으로 영작하세요.

1. 난 그녀에게 줄 뭔가 특별한 걸 샀어. _____

2. 그는 내게 시계를 사 줬어. _____

3. 내가 이 닦으라고 했잖아. _____

4. 난 이 색이 더 마음에 들어. _____

정답 | **1.** I got something special for her. **2.** He bought me a watch. **3.** I told you to brush your teeth. **4.** I like this color better.

DAY 087 아무래도 널 못 믿겠어 일상

방송시청 _____ 회 ▶ 손영작 _____ 회 ▶ 입영작 _____ 회 ▶ 반복낭독 _____ 회

STEP 1 Today's Dialogue | 방송으로 대화를 들으며 빈칸에 알맞은 단어를 최대한 채워 보세요.

A: I'm thinking of trying out a new _____.
새로운 조리법을 시도해 볼까 생각 중인데.

B: What are you _____? 뭘 만드는데?

A: I'm planning to cook pizza _____.
피자를 직접 요리해 볼 계획 중이야.

B: I hope you don't _____ it. 망치지 않기를 바란다.

STEP 2 빈칸 단어 익히기 | 예문으로 단어의 쓰임을 익히세요.

- **recipe** 조리법, 레시피
  Is that a secret recipe? 그건 요리 비법인가요?
  We have a special recipe. 저희는 특별한 레시피가 있어요.

- **make** 만들다
  I made a sandwich. 내가 샌드위치 만들었어.
  He made me cry. 걔가 날 울게 만들었어. (→ 울렸어.)

- **by oneself** 직접, 스스로
  I did it by myself. 그거 내가 직접 했어.
  She can do it by herself. 걔 그거 스스로 할 수 있어.

- **ruin** 망치다
  He ruined the party. 걔가 그 파티를 망쳤어.
  She ruined the cake. 걔는 그 케이크를 망쳤어.

STEP 3 핵심 패턴 익히기 | 방송을 시청하며 각 문장의 핵심 패턴을 익히세요.

A: **I'm thinking of trying out a new recipe.**
새로운 조리법을 시도해 볼까 생각 중인데.
think + of (~ing)   (~ing)할까 생각하다
I am thinking of moving out.   나 이사 나갈까 생각 중이야.
I was thinking of buying it.   나 그거 살까 생각 중이었어.

B: **What are you making?** 뭘 만드는데?
What (질문 어순)?   무엇을 (질문 어순)이니?
What are you eating?   너 뭐 먹고 있어?
What can I do for you?   제가 당신을 위해 뭘 해 드릴 수 있을까요?

A: **I'm planning to cook pizza by myself.**
피자를 직접 요리해 볼 계획 중이야.
plan + to (동사원형)   (동사원형)할 계획을 하다
I am planning to go to college.   나 대학 갈 계획 중이야.
Are you planning to take this class?   너 이 수업 들을 계획 중이니?

B: **I hope you don't ruin it.** 망치지 않기를 바란다.
I hope + (평서문).   (평서문)이길 바라. / (평서문)이면 좋겠어.
I hope you are happy.   네가 행복하길 바라.
I hope I don't make a mistake.   내가 실수하지 않으면 좋겠어.

STEP 4 직접 손영작/입영작 | 핵심 패턴을 사용하여 손으로 영작하고 입으로 영작하세요.

1. 우린 집을 살까 생각 중이야.   _____

2. 너 뭐 읽고 있어?   _____

3. 나 대구로 이사할 계획 중이야.   _____

4. 네가 A를 받길 바라.   _____

정답 | 1. We are thinking of buying a house. 2. What are you reading? 3. I am planning to move to Daegu. 4. I hope you get an A.

DAY 088 할리우드 대작 *Peter Man* 〔직업〕

방송시청 ____회 ▶ 손영작 ____회 ▶ 입영작 ____회 ▶ 반복낭독 ____회

STEP 1
Today's Dialogue | 방송으로 대화를 들으며 빈칸에 알맞은 단어를 최대한 채워 보세요.

A: I'd like to buy two _____ for *Peter Man*.
'Peter Man' 표 두 장 주세요.

B: Which _____ are you interested in?
어느 시간에 관심 있으시죠?

A: I want the 7 _____ show tickets. 7시 쇼 티켓이요.

B: I'm sorry. The tickets are _____ sold out.
죄송합니다. 티켓이 전부 매진됐어요.

STEP 2
빈칸 단어 익히기 | 예문으로 단어의 쓰임을 익히세요.

- **ticket** 표, 티켓
  I have free tickets. 나 무료 티켓 있어.
  I can pick up the tickets. 내가 티켓들 픽업할 수 있어.

- **showtime** 상영 시간, 공연 시간
  It's showtime! 공연 시간입니다! (→ 공연이 시작되었습니다!)
  We got there before showtime. 우린 거기 상영 시간 전에 도착했어.

- **o'clock** 시 (정각)
  It's 10 o'clock. 10시야.
  It's already 6 o'clock. 벌써 6시야.

- **all** 전부, 다, 완전히
  It's all done! 그거 다 끝났어!
  He is all happy. 걔는 완전 행복해.

STEP 3 핵심 패턴 익히기 | 방송을 시청하며 각 문장의 핵심 패턴을 익히세요.

A: **I'd like to buy two tickets for *Peter Man*.** 'Peter Man' 표 두 장 주세요.
   I would like to (동사원형). (동사원형)하고 싶습니다.
   I would like to invite you. 당신을 초대하고 싶습니다.
   I would like to show you something. 당신에게 뭔가 보여 주고 싶어요.

B: **Which showtime are you interested in?** 어느 시간에 관심 있으시죠?
   be interested + in (명사) (명사)에 관심이 있다
   I am interested in your products. 당신의 제품들에 관심이 있습니다.
   She is not interested in you. 걔는 너한테 관심이 없어.

A: **I want the 7 o'clock show tickets.** 7시 쇼 티켓이요.
   (시간) show ticket (시간) 쇼 티켓
   I bought the 8 o'clock show tickets. 나 8시 쇼 티켓 샀어.
   I want the 7:30 show tickets. 저 7시 반 티켓 주세요.

B: **I'm sorry. The tickets are all sold out.**
   죄송합니다. 티켓이 전부 매진됐어요.
   sold out 매진된, 품절된
   All seats are sold out. 전석 매진입니다.
   These sneakers are sold out. 이 운동화는 품절됐어요.

STEP 4 직접 손영작/입영작 | 핵심 패턴을 사용하여 손으로 영작하고 입으로 영작하세요.

1. 전 당신과 춤추고 싶습니다. _____

2. 너 이 책에 관심 있어? _____

3. 나 5시 쇼 티켓들 샀어. _____

4. 그것들은 이미 매진입니다. _____

정답 | **1.** I would like to dance with you. **2.** Are you interested in this book? **3.** I bought the 5 o'clock show tickets. **4.** They are already sold out.

오해가 있다면 풀어야지

방송시청 _____ 회 ▶ 손영작 _____ 회 ▶ 입영작 _____ 회 ▶ 반복낭독 _____ 회

STEP 1

Today's Dialogue | 방송으로 대화를 들으며 빈칸에 알맞은 단어를 최대한 채워 보세요.

A: I'm _____ we had that talk. 그런 얘기를 나눠서 좋네.

B: Me, too. I feel _____ better now.
나도. 이제 기분이 훨씬 나아졌어.

B: It's been _____ me for a long time.
오랫동안 신경 쓰여 왔거든.

A: I'm glad we cleared the _____. 오해를 풀어서 다행이야.

STEP 2

빈칸 단어 익히기 | 예문으로 단어의 쓰임을 익히세요.

- **glad** 기쁜, 좋은, 다행인
  I am glad to be here. 여기 오게 되어서 좋아요.
  I am glad your dog is okay. 네 강아지가 괜찮아서 다행이야.

- **so much** 엄청, 아주, 훨씬
  I love you so much. 난 널 엄청 사랑해.
  It's so much easier. 그건 훨씬 더 쉬워.

- **bother** 신경 쓰이게 하다, 방해하다
  Is this bothering you? 이게 당신을 신경 쓰이게 하나요?
  Stop bothering us. 저희 좀 그만 방해하세요.

- **air** 공기
  I need some fresh air. 나 신선한 공기가 좀 필요해.
  The tire needs more air. 그 타이어는 공기가 더 필요해.

STEP 3 핵심 패턴 익히기 | 방송을 시청하며 각 문장의 핵심 패턴을 익히세요.

A: **I'm glad we had that talk.** 그런 얘기를 나눠서 좋네.
`have a talk` 얘기를 나누다
Can we have a talk? 우리 얘기 나눌 수 있을까?
They are having a talk. 그들은 얘기를 나누고 있어.

B: **Me, too. I feel so much better now.** 나도. 이제 기분이 훨씬 나아졌어.
`feel better` 기분이/몸 상태가 나아지다
Do you feel better now? 너 이제 기분 나아졌어?
I hope you feel better soon. 몸이 곧 낫길 바랍니다.

B: **It's been bothering me for a long time.** 오랫동안 신경 쓰여 왔거든.
`have been (~ing)` (~ing)해 오고 있다
I have been working here for 10 years. 나 여기서 10년간 일해 오고 있어.
She has been crying all night. 걔는 밤새도록 울어 오고 있어.

A: **I'm glad we cleared the air.** 오해를 풀어서 다행이야.
`clear the air` 오해를 풀다
They met to clear the air. 그들은 오해를 풀려고 만났어.
We finally cleared the air. 우린 마침내 오해를 풀었어.

STEP 4 직접 손영작/입영작 | 핵심 패턴을 사용하여 손으로 영작하고 입으로 영작하세요.

1. 얘기를 나누자. _____

2. 그녀는 기분이 훨씬 나아졌어. _____

3. 난 6개월간 영어를 배워 오고 있어. _____

4. 우린 오해를 풀고 싶었어. _____

정답 | 1. Let's have a talk. 2. She felt so much better. 3. I have been learning English for 6 months. 4. We wanted to clear the air.

DAY 090 여행할 때 현금은 필수지   여 행

방송시청 _____ 회 ▶ 손영작 _____ 회 ▶ 입영작 _____ 회 ▶ 반복낭독 _____ 회

STEP 1

Today's Dialogue | 방송으로 대화를 들으며 빈칸에 알맞은 단어를 최대한 채워 보세요.

A: Is there an ATM in the _____? 건물 안에 ATM이 있나요?

A: I need to _____ some cash. 현금을 좀 인출해야 해서요.

B: There's one on the 2nd _____. 2층에 하나 있어요.

B: There's also a _____ across the street.
길 건너에 은행도 하나 있고요.

STEP 2

빈칸 단어 익히기 | 예문으로 단어의 쓰임을 익히세요.

- **building** 건물, 빌딩
  Are you in the building? 너 그 건물 안에 있어?
  He owns a building. 걔는 건물을 소유하고 있어.

- **withdraw** 인출하다
  I withdrew some money. 나 돈 좀 인출했어.
  She withdrew $100. 걔는 100달러를 인출했어.

- **floor** 층, 바닥
  Go up to the 3rd floor. 3층으로 올라가.
  It dropped to the floor. 그게 바닥에 떨어졌어.

- **bank** 은행
  I work at a bank. 나 은행에서 일해.
  I need to go to the bank. 나 은행 가야 돼.

STEP 3 핵심 패턴 익히기 | 방송을 시청하며 각 문장의 핵심 패턴을 익히세요.

A: **Is there an ATM in the building?** 건물 안에 ATM이 있나요?
　Is/Are there (명사)? (명사)가 있나요?
　Is there a problem? 문제가 있나요?
　Are there many girls? 여자애들이 많아?

A: **I need to withdraw some cash.** 현금을 좀 인출해야 해서요.
　need to (동사원형) (동사원형)할 필요가 있다/해야 한다
　I need to focus. 난 집중할 필요가 있어.
　She needs to eat more veggies. 걔는 채소를 더 먹어야 해.

B: **There's one on the 2nd floor.** 2층에 하나 있어요.
　on the (서수) floor (서수)층에
　I live on the 10th floor. 저 10층에 살아요.
　My office is on the 3rd floor. 내 사무실은 3층에 있어.

B: **There's also a bank across the street.** 길 건너에 은행도 하나 있고요.
　across the street 길 건너에
　We live right across the street. 우리 바로 길 건너에 살아.
　There is a post office across the street. 길 건너에 우체국이 있어.

STEP 4 직접 손영작/입영작 | 핵심 패턴을 사용하여 손으로 영작하고 입으로 영작하세요.

1. 질문이 있나요?　_____

2. 우린 함께 일할 필요가 있어.　_____

3. 그녀는 14층에 살아.　_____

4. 길 건너에 주유소가 있어.　_____

정답 | 1. Is there a question? 2. We need to work together. 3. She lives on the 14th floor. 4. There is a gas station across the street.

DAY 091 그대여, 내 배둘레햄은 사랑하지 마오 | 가정

방송시청 ____회 ▶ 손영작 ____회 ▶ 입영작 ____회 ▶ 반복낭독 ____회

STEP 1

Today's Dialogue | 방송으로 대화를 들으며 빈칸에 알맞은 단어를 최대한 채워 보세요.

A: How was your _____ today? 오늘 운동은 어땠어?

B: It was _____, but I feel good. 힘들었는데, 기분은 좋네.

A: Just so you know, I still love your _____.
그냥 말해 주는 건데, 난 아직 자기 허리 살 좋아.

B: Don't say that. I have to _____ them.
그런 말 하지 마. 꼭 빼야 한단 말이야.

STEP 2

빈칸 단어 익히기 | 예문으로 단어의 쓰임을 익히세요.

■ **workout** 운동
It's a great workout. 그건 아주 좋은 운동이야.
Let me show you different workouts. 다양한 운동을 보여 드릴게요.

■ **tough** 어려운, 힘든
That's a tough question. 어려운 질문이군요.
The problems were tough. 문제들이 힘들었어.

■ **love handles** 허리 살
Look at my love handles. 내 허리 살 좀 봐.
My love handles are gone. 내 허리 살이 사라졌어.

■ **lose** 잃어버리다, (살을) 빼다
I lost my ring. 나 내 반지 잃어버렸어.
She has lost 30 pounds. 걔는 30파운드를 뺐어.

STEP 3 핵심 패턴 익히기 | 방송을 시청하며 각 문장의 핵심 패턴을 익히세요.

A: **How was your workout today?** 오늘 운동은 어땠어?
　　`How was (명사)?` (명사)는 어땠어?
　　How was the party? 파티는 어땠니?
　　How was your job interview? 취업 면접은 어땠어?

B: **It was tough, but I feel good.** 힘들었는데, 기분은 좋네.
　　`feel (형용사)` (형용사)한 기분이다
　　I feel lighter. 나 더 가벼워진 기분이야.
　　Do you feel dizzy? 어지러운 기분이야? (→ 어지러워?)

A: **Just so you know, I still love your love handles.**
　　그냥 말해 주는 건데, 난 아직 자기 허리 살 좋아.
　　`Just so you know,` 그냥 말해 주는 건데,
　　Just so you know, I have a boyfriend.
　　그냥 말해 드리는 건데, 저 남자 친구 있어요.
　　Just so you know, I can't drink milk. 그냥 말해 주는 건데, 나 우유 못 마셔.

B: **Don't say that. I have to lose them.** 그런 말 하지 마. 꼭 빼야 한단 말이야.
　　`Don't (동사원형).` (동사원형)하지 마.
　　Don't eat that! 그거 먹지 마!
　　Don't be silly. 실없게 굴지 마.

STEP 4 직접 손영작/입영작 | 핵심 패턴을 사용하여 손으로 영작하고 입으로 영작하세요.

1. 그 영화 어땠어? _____

2. 나 똑똑해진 기분이야. _____

3. 그냥 말해 주는 건데, 우린 그냥 친구야. _____

4. 웃지 마! _____

정답 | 1. How was the movie? 2. I feel smart. 3. Just so you know, we are just friends. 4. Don't laugh!

DAY 092 하루 만에 한 시즌 몰아 보기　　일상

방송시청 ____회 ▶ 손영작 ____회 ▶ 입영작 ____회 ▶ 반복낭독 ____회

STEP 1

Today's Dialogue | 방송으로 대화를 들으며 빈칸에 알맞은 단어를 최대한 채워 보세요.

A: **Did you _____ the new season of *Mayu Girl*?**
'Mayu Girl' 새 시즌 봤어?

B: **No, I've been too _____.** 아니, 너무 바빴어.

A: **It's the _____ season ever, man!**
여태껏 최고의 시즌이야, 친구!

B: **I'm going to _____ it tonight.** 오늘 밤에 몰아 볼 거야.

STEP 2

빈칸 단어 익히기 | 예문으로 단어의 쓰임을 익히세요.

■ **watch** 보다
I am watching a documentary. 나 다큐멘터리 보고 있어.
I was watching a music video. 나 뮤직비디오 보고 있었어.

■ **busy** 바쁜
Eddie is a busy man. Eddie는 바쁜 남자야.
Are you busy now? 너 지금 바빠?

■ **best** 최고의
It's the best program. 그건 최고의 프로그램이야.
You are the best, man! 너 최고다, 야!

■ **binge-watch** 몰아 보다
I binge-watched the entire season. 나 전체 시즌을 몰아 봤어.
Let's binge-watch it tonight. 오늘 밤에 그거 몰아 보자.

STEP 3 핵심 패턴 익히기 | 방송을 시청하며 각 문장의 핵심 패턴을 익히세요.

A: **Did you watch the new season of *Mayu Girl*?** 'Mayu Girl' 새 시즌 봤어?
  of (명사) (명사)의
  Seoul is the capital of Korea. 서울은 한국의 수도야.
  I am the president of the company. 제가 그 회사의 사장입니다.

B: **No, I've been too busy.** 아니, 너무 바빴어.
  have been (형용사) (형용사)해 온 상태다 (→ (형용사)했다)
  I have been sick. 나 아파 온 상태야. (→ 아팠어.)
  She has been depressed all week. 걔는 한 주 내내 우울해 온 상태야. (→ 우울했어.)

A: **It's the best season ever, man!** 여태껏 최고의 시즌이야, 친구!
  ever 여태껏
  Today is the best day ever! 오늘이 여태껏 최고의 날이야!
  She is the prettiest girl ever! 걔는 여태껏 가장 예쁜 여자야!

B: **I'm going to binge-watch it tonight.** 오늘 밤에 몰아 볼 거야.
  be going to (동사원형) (동사원형)할 것이다
  I am going to stay here. 나 여기에 있을 거야.
  We are going to live there. 우리 거기에 살 거야.

STEP 4 직접 손영작/입영작 | 핵심 패턴을 사용하여 손으로 영작하고 입으로 영작하세요.

1. 프랑스의 수도가 뭐지[어디지]? _____

2. 내 남편은 바빠 온 상태야[바빴어]. _____

3. 그건 여태껏 가장 빠른 기차야. _____

4. 우린 그들을 초대할 거야. _____

정답 | 1. What's the capital of France? 2. My husband has been busy. 3. It's the fastest train ever! 4. We are going to invite them.

도심에서 택시 타기

방송시청 _____ 회 ▶ 손영작 _____ 회 ▶ 입영작 _____ 회 ▶ 반복낭독 _____ 회

STEP 1

Today's Dialogue | 방송으로 대화를 들으며 빈칸에 알맞은 단어를 최대한 채워 보세요.

A: Where to, my _____? 어디로 모실까요, 친구?

B: _____ take me to 123 Love Street, please?
123 Love Street에 데려다주실 수 있을까요?

A: _____. Please buckle up. 그럼요. 안전벨트 꽉 매 주세요.

B: I'm kind of late for a _____. 회의에 좀 늦었어요.

STEP 2

빈칸 단어 익히기 | 예문으로 단어의 쓰임을 익히세요.

■ **friend** 친구
I have no friends. 난 친구가 없어.
Thomas is my close friend. Thomas는 내 절친이야.

■ **Could you ~?** ~해 주실 수 있을까요?
Could you stop? 그만해 주실 수 있을까요?
Could you wait outside? 밖에서 기다려 주실 수 있을까요?

■ **Sure thing.** 그럼요., 물론이죠.
Sure thing. Let me help you. 그럼요. 도와드리죠.
Sure thing, Mrs. Stone. 물론이죠, Stone 양.

■ **meeting** 회의
We have a meeting. 우리 회의가 있어.
The meeting has been cancelled. 회의가 취소됐어.

STEP 3 핵심 패턴 익히기 | 방송을 시청하며 각 문장의 핵심 패턴을 익히세요.

A: **Where to, my friend?** 어디로 모실까요, 친구?
   Where to? 어디로 모실까요?
   Where to, sir? 어디로 모실까요, 선생님?
   Where to, ladies? 어디로 모실까요, 숙녀분들?

B: **Could you take me to 123 Love Street, please?**
   123 Love Street에 데려다주실 수 있을까요?
   take (목적어) + to (명사) (목적어)를 (명사)에 데려다주다/데리고 가다
   Take us to the hospital. 저희를 병원에 데려다주세요.
   Mom took me to the zoo. 엄마가 날 동물원에 데리고 가셨어.

A: **Sure thing. Please buckle up.** 그럼요. 안전벨트 꽉 매 주세요.
   buckle up 안전벨트를 꽉 매다
   Don't forget to buckle up. 안전벨트 꽉 매는 거 잊지 마.
   Buckle up, kids. 안전벨트 꽉 매, 얘들아.

B: **I'm kind of late for a meeting.** 회의에 좀 늦었어요.
   late + for (명사) (명사)에 늦은
   We are late for the concert. 우리 콘서트에 늦었어.
   I am late for work. 나 일에 늦었어.

STEP 4 직접 손영작/입영작 | 핵심 패턴을 사용하여 손으로 영작하고 입으로 영작하세요.

1. 어디로 모실까요, 부인? _____

2. 절 그 공항에 데려다주세요. _____

3. 안전벨트를 꽉 매자, 얘들아. _____

4. 우리 그 파티에 늦었어. _____

정답 | **1.** Where to, ma'am? **2.** Take me to the airport. **3.** Let's buckle up, kids. **4.** We are late for the party.

뭔가 우울함을 느끼는 친구

관계

방송시청 ____ 회 ▶ 손영작 ____ 회 ▶ 입영작 ____ 회 ▶ 반복낭독 ____ 회

STEP 1

Today's Dialogue | 방송으로 대화를 들으며 빈칸에 알맞은 단어를 최대한 채워 보세요.

A: I'm feeling a little _____ today. 오늘 약간 우울한 기분이야.

B: Do you want to _____ about it? 얘기 좀 할까?

A: Yeah, that's why I _____ you. 응, 그래서 전화한 거야.

B: Can I come over, or is it too _____? 들러도 되니, 아님 너무 늦었나?

STEP 2

빈칸 단어 익히기 | 예문으로 단어의 쓰임을 익히세요.

■ **down** 우울한
She felt down. 그녀는 우울한 기분이었어.
Do you still feel down? 너 아직도 우울한 기분이니?

■ **talk** 얘기하다
Let's talk for a minute. 잠시 얘기하자.
She talked about her boyfriend. 걔는 자기 남자 친구 얘기를 했어.

■ **call** 전화하다, 연락하다
Stop calling me! 나한테 그만 전화해!
I called the management office. 나 관리 사무소에 전화했어.

■ **late** 늦은
It's not too late. 너무 늦진 않았어.
You are late again! 너 또 늦었네!

STEP 3 핵심 패턴 익히기 | 방송을 시청하며 각 문장의 핵심 패턴을 익히세요.

A: **I'm feeling a little down today.** 오늘 약간 우울한 기분이야.
　　a little 약간
　　It's a little sour. 그거 약간 셔.
　　That was a little weird. 그거 약간 이상했어.

B: **Do you want to talk about it?** 얘기 좀 할까?
　　Do you want to (동사원형)? (동사원형)하고 싶니/할래?
　　Do you want to go home? 너 집에 가고 싶어?
　　Do you want to go shopping? 쇼핑하러 갈래?

A: **Yeah, that's why I called you.** 응, 그래서 전화한 거야.
　　That's why + (평서문). 그래서 (평서문)인 거야.
　　That's why I like you. 그래서 내가 널 좋아하는 거야.
　　That's why my skin is soft. 그래서 내 피부가 부드러운 거야.

B: **Can I come over, or is it too late?** 들러도 되니, 아님 너무 늦었나?
　　come over 들르다
　　Why don't you come over? 들르는 게 어때?
　　Come over to my house. 우리 집에 들러.

STEP 4 직접 손영작/입영작 | 핵심 패턴을 사용하여 손으로 영작하고 입으로 영작하세요.

1. 나 약간 슬퍼.　　＿＿＿＿＿＿＿＿＿＿＿＿＿

2. 너 뭔가 먹고 싶니?　＿＿＿＿＿＿＿＿＿＿＿＿＿

3. 그래서 내가 내 아내를 사랑하는 거야.　＿＿＿＿＿＿＿＿＿＿＿＿＿

4. 나 오늘은 못 들러.　＿＿＿＿＿＿＿＿＿＿＿＿＿

정답 | 1. I am a little sad. 2. Do you want to eat something? 3. That's why I love my wife. 4. I can't come over today.

난 스타일보단 가격이 중요해

방송시청 _____ 회 ▶ 손영작 _____ 회 ▶ 입영작 _____ 회 ▶ 반복낭독 _____ 회

STEP 1

Today's Dialogue | 방송으로 대화를 들으며 빈칸에 알맞은 단어를 최대한 채워 보세요.

A: Do you know a good _____ in Wayne?
Wayne에 괜찮은 이발소 알아?

B: There's one by my _____. 내 사무실 근처에 하나 있어.

B: They're _____, but they do a pretty good job.
저렴한데 꽤 잘해.

A: Send me their link. I need a _____.
거기 링크 좀 보내 줘. 나 머리 잘라야 돼.

STEP 2

빈칸 단어 익히기 | 예문으로 단어의 쓰임을 익히세요.

- **barbershop** 이발소
  He works at a barbershop. 걔 이발소에서 일해.
  I went to the barbershop. 나 이발소에 갔어.

- **office** 사무실
  I want my own office. 난 나만의 사무실을 원해.
  She has already left the office. 걔는 이미 사무실을 나갔어.

- **cheap** 저렴한, 싸구려인
  Their food is cheap. 거기 음식이 저렴해.
  It looks cheap. 그거 싸구려처럼 보여.

- **haircut** 헤어 컷, 머리 자름
  I got a haircut. 나 머리 잘랐어.
  You need a haircut. 너 머리 잘라야겠다.

STEP 3 핵심 패턴 익히기 | 방송을 시청하며 각 문장의 핵심 패턴을 익히세요.

A: **Do you know a good barbershop in Wayne?**
Wayne에 괜찮은 이발소 알아?

in (지역) (지역)에

Mayu used to live in Wayne. 마유는 Wayne에 살곤 했어.
I went to school in Florida. 나 Florida에서 학교 다녔어.

B: **There's one by my office.** 내 사무실 근처에 하나 있어.

by (명사) (명사) 근처에/옆에

We are walking by the beach. 우린 해변 근처를 걷고 있어.
There is one by the parking lot. 그 주차장 옆에 하나 있어.

B: **They're cheap, but they do a pretty good job.** 저렴한데 꽤 잘해.

do a good job 잘하다

Do they do a good job? 거기 잘해?
You did a good job! 넌 잘해 냈어!

A: **Send me their link. I need a haircut.**
거기 링크 좀 보내 줘. 나 머리 잘라야 돼.

send (목적어) + (명사) (목적어)에게 (명사)를 보내다

Send me a message. 나한테 메시지를 보내.
She sent me a card. 걔가 나한테 카드를 보냈어.

STEP 4 직접 손영작/입영작 | 핵심 패턴을 사용하여 손으로 영작하고 입으로 영작하세요.

1. 너 아직 파리에 사니? _____
2. 난 네 사무실 근처를 걷고 있어. _____
3. 그녀는 잘해 냈어요! _____
4. 그가 내게 편지를 보냈어. _____

정답 | 1. Do you still live in Paris? 2. I am walking by your office. 3. She did a good job! 4. He sent me a letter.

DAY 096 헤어스타일에 대한 엄마의 충고 　　가정

방송시청 ___회 ▶ 손영작 ___회 ▶ 입영작 ___회 ▶ 반복낭독 ___회

STEP 1

Today's Dialogue | 방송으로 대화를 들으며 빈칸에 알맞은 단어를 최대한 채워 보세요.

A: **Mom, do you think I _____ a haircut?**
엄마, 저 머리 잘라야 할 거 같아요?

B: **Didn't you want to _____ your hair?**
머리 기르고 싶어 하지 않았어?

A: **Well, I _____ my mind.** 음, 마음이 바뀌었어요.

B: **Think it over. You might _____ it.**
잘 생각해 봐. 후회할지도 몰라.

STEP 2

빈칸 단어 익히기 | 예문으로 단어의 쓰임을 익히세요.

- **need** 필요로 하다, 필요하다
  I need some time. 나 시간이 좀 필요해.
  Kelly needs your advice. Kelly는 네 충고가 필요해.

- **grow** 기르다
  I am growing my hair. 나 머리 기르고 있어.
  He grew his hair long. 걔는 머리를 길게 길렀어.

- **change** 바꾸다, 바뀌다
  Don't change the subject. 주제 바꾸지 마. (→ 말 돌리지 마.)
  My address has changed. 내 주소 바뀌었어.

- **regret** 후회하다
  I regret my decision. 난 내 결정을 후회해.
  Don't regret it. 그걸 후회하지 마.

STEP 3 핵심 패턴 익히기 | 방송을 시청하며 각 문장의 핵심 패턴을 익히세요.

A: **Mom, do you think I need a haircut?** 엄마, 저 머리 잘라야 할 거 같아요?
Do you think + (평서문)? (평서문)이라고 생각해? / (평서문)인 거 같아?
Do you think you are smart? 네가 똑똑하다고 생각해?
Do you think I need a car? 내가 차가 필요한 거 같아?

B: **Didn't you want to grow your hair?** 머리 기르고 싶어 하지 않았어?
Didn't you (동사원형)? (동사원형)하지 않았어?
Didn't you meet her? 너 걔 만나지 않았어?
Didn't you promise that? 너 그렇게 약속하지 않았어?

A: **Well, I changed my mind.** 음, 마음이 바뀌었어요.
change one's mind 마음이 바뀌다
She changed her mind again. 걔는 또 마음이 바뀌었어.
You can't change your mind. 너 마음 바뀌면 안 돼.

B: **Think it over. You might regret it.** 잘 생각해 봐. 후회할지도 몰라.
might (동사원형) (동사원형)할지도 모른다
I might call you. 나 너한테 전화할지도 몰라.
They might look for you. 그들이 널 찾으려 할지도 몰라.

STEP 4 직접 손영작/입영작 | 핵심 패턴을 사용하여 손으로 영작하고 입으로 영작하세요.

1. 너 네가 웃기다고 생각해? _____

2. 너 나한테 전화하지 않았어? _____

3. 너 왜 마음이 바뀌었어? _____

4. 그들은 포기할지도 몰라. _____

정답 | 1. Do you think you are funny? 2. Didn't you call me? 3. Why did you change your mind? 4. They might give up.

피곤한 건 좋은 징조가 아니야

일상

방송시청 ____ 회 ▶ 손영작 ____ 회 ▶ 입영작 ____ 회 ▶ 반복낭독 ____ 회

STEP 1

Today's Dialogue | 방송으로 대화를 들으며 빈칸에 알맞은 단어를 최대한 채워 보세요.

A: I'm so _____ these days. 나 요즘 엄청 피곤해.

B: Why don't you see a _____? 의사를 보는 건 어때?

A: It's _____ because of work. 아마 일 때문일 거야.

B: Listen to me. You need a _____.
내 말 들어. 너는 건강 검진이 필요해.

STEP 2

빈칸 단어 익히기 | 예문으로 단어의 쓰임을 익히세요.

■ **tired** 피곤한
Aren't you tired? 너 안 피곤해?
Do I look tired? 나 피곤해 보여?

■ **doctor** 의사
I know a good doctor. 나 잘하는 의사 선생님 알아.
I want to be a doctor. 나 의사 되고 싶어.

■ **probably** 아마
She is probably married. 걔 아마 결혼했을 거야.
It was probably a mistake. 그거 아마 실수였어.

■ **check-up** 건강 검진
I need a check-up. 나 건강 검진이 필요해.
I had a check-up. 나 건강 검진 했어.

STEP 3 핵심 패턴 익히기 | 방송을 시청하며 각 문장의 핵심 패턴을 익히세요.

A: **I'm so tired these days.** 나 요즘 엄청 피곤해.
   these days 요즘에
   It's not common these days. 그런 건 요즘 흔하지 않아.
   People use smartphones these days. 요즘에 사람들은 스마트폰을 써.

B: **Why don't you see a doctor?** 의사를 보는 건 어때?
   Why don't you (동사원형)? (동사원형)하는 게 어때?
   Why don't you ask Dad? 아빠한테 물어보는 게 어때?
   Why don't you work here? 여기서 일하는 게 어때?

A: **It's probably because of work.** 아마 일 때문일 거야.
   because of (명사) (명사) 때문에
   It's because of us. 그거 우리 때문이야.
   We lost because of you. 우리 너 때문에 졌어.

B: **Listen to me. You need a check-up.** 내 말 들어. 너는 건강 검진이 필요해.
   listen + to (명사) (명사)를 듣다
   Listen to this song. 이 노래를 들어 봐.
   Listen to Mayu. 마유의 말을 들어.

STEP 4 직접 손영작/입영작 | 핵심 패턴을 사용하여 손으로 영작하고 입으로 영작하세요.

1. 나 요즘 엄청 행복해. _____

2. 너 택시를 타는 게 어때? _____

3. 그건 네 실수 때문이야. _____

4. 우리 말을 들어 봐. _____

정답 | 1. I am so happy these days. 2. Why don't you take a taxi? 3. It's because of your mistake. 4. Listen to us.

모델이 아니라 좀 어색해

방송시청 ____회 ▶ 손영작 ____회 ▶ 입영작 ____회 ▶ 반복낭독 ____회

STEP 1

Today's Dialogue | 방송으로 대화를 들으며 빈칸에 알맞은 단어를 최대한 채워 보세요.

A: **Can you move _____ to the left?**
약간 왼쪽으로 움직여 주실 수 있어요?

B: **_____? I'm sorry. I'm not used to this.**
이렇게요? 죄송해요. 이런 거에 익숙하지 않아서.

A: **Don't be _____. Just hold that pose.**
긴장하지 마세요. 그 포즈를 유지하세요.

B: **OK. I'll do my best to _____.**
네. 움직이지 않게 최선을 다할게요.

STEP 2

빈칸 단어 익히기 | 예문으로 단어의 쓰임을 익히세요.

- **a little bit** 약간
  I am a little bit disappointed. 나 약간 실망했어.
  I ate a little bit. 나 약간 먹었어.

- **like this** 이렇게
  Move your hands like this. 양손을 이렇게 움직이세요.
  He danced like this. 걔는 이렇게 춤췄어.

- **nervous** 긴장하는
  You look nervous. 너 긴장돼 보여.
  I wasn't nervous at all. 나 조금도 긴장 안 했어.

- **stay still** 움직이지 않고 가만히 있다
  The doctor asked him to stay still. 의사가 그에게 가만히 있으라고 부탁했다.
  Stop! Stay still. 잠깐! 움직이지 마.

STEP 3 핵심 패턴 익히기 | 방송을 시청하며 각 문장의 핵심 패턴을 익히세요.

A: **Can you move a little bit to the left?**
약간 왼쪽으로 움직여 주실 수 있어요?
`to the left` 왼쪽으로
Turn to the left. 왼쪽으로 틀어.
Look to the left. 왼쪽으로 돌아봐.

B: **Like this? I'm sorry. I'm not used to this.**
이렇게요? 죄송해요. 이런 거에 익숙하지 않아서.
`be used to (명사)` (명사)에 익숙하다
I am used to it. 나 그거에 익숙해.
She is not used to the new rule. 걔는 그 새 규칙에 익숙하지 않아.

A: **Don't be nervous. Just hold that pose.**
긴장하지 마세요. 그 포즈를 유지하세요.
`Don't be (형용사).` (형용사)하지 마.
Don't be angry. 화내지 마.
Don't be late. 늦지 마.

B: **OK. I'll do my best to stay still.** 네. 움직이지 않게 최선을 다할게요.
`do one's best` 최선을 다하다
I did my best. 전 최선을 다했어요.
The firefighters did their best. 그 소방관들은 최선을 다했어.

STEP 4 직접 손영작/입영작 | 핵심 패턴을 사용하여 손으로 영작하고 입으로 영작하세요.

1. 나 방금 왼쪽으로 틀었어. _____

2. 난 벌써 그거에 익숙해. _____

3. 기분 상해하지 마. _____

4. 그냥 최선을 다해. _____

정답 | 1. I just turned to the left. 2. I am already used to it. 3. Don't be upset. 4. Just do your best.

DAY 099 바보, 왜 이제 말하는 거야

관계

방송시청 ____회 ▶ 손영작 ____회 ▶ 입영작 ____회 ▶ 반복낭독 ____회

STEP 1

Today's Dialogue | 방송으로 대화를 들으며 빈칸에 알맞은 단어를 최대한 채워 보세요.

A: It's been a while. How's _____?
시간이 꽤 지났네. 다 좀 어때?

B: I'm still trying to _____. 아직도 잊으려 노력 중이야.

A: I'll be _____. I can't get over you.
솔직히 말할게. 널 잊을 수가 없어.

B: I've been _____ you, too. 나도 네가 그리웠어.

STEP 2

빈칸 단어 익히기 | 예문으로 단어의 쓰임을 익히세요.

■ **everything** 모든 것, 다
  Everything is just perfect. 모든 게 그냥 완벽해.
  I know everything. 난 다 알아.

■ **move on** 극복해 나가다
  You should move on. 극복하고 나가야지. (→ 잊어야지.)
  It was so hard to move on. 극복해 나가는 게 힘들었어.

■ **honest** 솔직한
  She is an honest person. 그녀는 솔직한 사람이야.
  I will be honest with you. 너한테 솔직히 말할게.

■ **miss** 그리워하다, 그립다
  Do you miss me? 내가 그리워?
  I miss those days. 그 시절이 그리워.

STEP 3 핵심 패턴 익히기 | 방송을 시청하며 각 문장의 핵심 패턴을 익히세요.

A: It's been a while. How's everything? 시간이 꽤 지났네. 다 좀 어때?
How is/are (명사)? (명사)는 어때? / (명사)는 어떻게 지내?
How is your leg? 다리는 좀 어때?
How are your parents? 부모님은 어떻게 지내셔?

B: I'm still trying to move on. 아직도 잊으려 노력 중이야.
try + to (동사원형) (동사원형)하려고 노력하다
I am trying to get a job. 나 일자리 구하려고 노력 중이야.
She tried to hurt me. 걔가 날 다치게 하려고 (노력)했어.

A: I'll be honest. I can't get over you. 솔직히 말할게. 널 잊을 수가 없어.
get over (명사) (명사)를 극복하다 (→ 잊다)
I can't get over her. 난 그녀를 잊을 수가 없어.
Get over him already! 걔를 어서 잊어!

B: I've been missing you, too. 나도 네가 그리웠어.
have been (~ing) (~ing)해 오고 있다
I have been eating only crackers. 난 크래커만 먹어 오고 있어.
It's been snowing a lot. 눈이 많이 내려 오고 있어.

STEP 4 직접 손영작/입영작 | 핵심 패턴을 사용하여 손으로 영작하고 입으로 영작하세요.

1. 네 인생은 어때? _____

2. 난 이해하려고 노력 중이야. _____

3. 난 내 전 애인을 잊을 수가 없어. _____

4. 난 3년간 영어를 공부해 오고 있어. _____

정답 | **1.** How is your life? **2.** I am trying to understand. **3.** I can't get over my ex. **4.** I have been studying English for 3 years.

DAY 100 조용한 해변이 더 낭만적이야 [여 행]

방송시청 ____회 ▶ 손영작 ____회 ▶ 입영작 ____회 ▶ 반복낭독 ____회

STEP 1

Today's Dialogue | 방송으로 대화를 들으며 빈칸에 알맞은 단어를 최대한 채워 보세요.

A: Do you want to go to the _____? 해변에 갈까?

B: Mayu Beach is too crowded with _____.
Mayu Beach는 사람들로 너무 붐벼.

A: There's a _____ beach nearby. 근처에 조용한 해변이 있어.

B: Let's go there. I don't like crowded _____.
거기로 가자. 붐비는 데는 별로야.

STEP 2

빈칸 단어 익히기 | 예문으로 단어의 쓰임을 익히세요.

■ **beach** 해변
I am walking by the beach. 난 해변 근처를 걷고 있어.
Let's go to the beach. 해변에 가자.

■ **people** 사람들
There were so many people. 사람들이 엄청 많았어.
People love this character. 사람들은 이 캐릭터를 사랑해.

■ **quiet** 조용한
You are very quiet today. 너 오늘 엄청 조용하다.
It was a quiet morning. 조용한 아침이었어.

■ **area** 지역, 구역, 곳
This is a restricted area. 여긴 제한된 구역입니다.
I prefer quiet areas. 난 조용한 곳을 선호해.

STEP 3 핵심 패턴 익히기 | 방송을 시청하며 각 문장의 핵심 패턴을 익히세요.

A: **Do you want to go to the beach?** 해변에 갈까?
  Do you want to (동사원형)? (동사원형)하고 싶니? / (동사원형)할래?
  Do you want to come with us? 너 우리랑 같이 가고 싶어?
  Do you want to play hide-and-seek? 숨바꼭질할래?

B: **Mayu Beach is too crowded with people.**
  Mayu Beach는 사람들로 너무 붐벼.
  be crowded + with (명사) (명사)로 붐비다
  The beach is crowded with people. 해변이 사람들로 붐벼.
  The store was crowded with teenagers. 상점이 십 대들로 붐볐어.

A: **There's a quiet beach nearby.** 근처에 조용한 해변이 있어.
  nearby 근처에
  There is a supermarket nearby. 근처에 슈퍼마켓이 있어.
  Is there anything nearby? 근처에 뭐라도 있니?

B: **Let's go there. I don't like crowded areas.**
  거기로 가자. 붐비는 데는 별로야.
  Let's (동사원형). (동사원형)하자.
  Let's go fishing. 낚시하러 가자.
  Let's eat somewhere else. 다른 데서 먹자.

STEP 4 직접 손영작/입영작 | 핵심 패턴을 사용하여 손으로 영작하고 입으로 영작하세요.

1. 너 헬스장 가고 싶어? _____

2. 그 건물은 아이들로 붐볐어. _____

3. 근처에 은행이 있어. _____

4. 잠자리에 들자. _____

정답 | 1. Do you want to go to the gym? 2. The building was crowded with kids. 3. There is a bank nearby. 4. Let's go to bed.

DAY 101 여보, 말이 다르잖아   가정

방송시청 ____회 ▶ 손영작 ____회 ▶ 입영작 ____회 ▶ 반복낭독 ____회

STEP 1

Today's Dialogue | 방송으로 대화를 들으며 빈칸에 알맞은 단어를 최대한 채워 보세요.

A: **Honey, I don't want to go to the gym _____.**
여보, 나 더 이상 헬스장 가고 싶지 않아.

B: **Hey, you can't _____ like that!**
자기야, 그렇게 포기하면 안 돼!

A: **You still love my _____, right?**
여전히 내 허리 살은 사랑하는 거지?

B: **I _____ YOU. That's for sure.**
자기를 사랑하긴 하지. 그건 확실해.

STEP 2

빈칸 단어 익히기 | 예문으로 단어의 쓰임을 익히세요.

■ **anymore** 더 이상
I can't eat anymore. 나 더 이상 못 먹어.
I can't stand it anymore. 나 더 이상은 못 참겠어.

■ **give up** 포기하다
I gave up. 난 포기했어.
Are you giving up? 너 포기하는 거야?

■ **love handles** 허리 살
Look at my love handles. 내 허리 살 좀 봐.
My love handles are still here. 내 허리 살 어디 안 갔어.

■ **love** 사랑하다
I love my son. 난 내 아들을 사랑해.
I just love my job. 난 그냥 내 일이 너무 좋아.

STEP 3 핵심 패턴 익히기 | 방송을 시청하며 각 문장의 핵심 패턴을 익히세요.

A: Honey, I don't want to go to the gym anymore.
여보, 나 더 이상 헬스장 가고 싶지 않아.

don't/doesn't want to (동사원형) (동사원형)하고 싶지 않다

I don't want to wait. 나 기다리고 싶지 않아.

She doesn't want to participate. 걔는 참여하고 싶지 않아 해.

B: Hey, you can't give up like that! 자기야, 그렇게 포기하면 안 돼!

can't (동사원형) (동사원형)하면 안 되다

You can't come in here. 여기 들어오시면 안 돼요.

She can't touch it. 그분 그거 만지시면 안 돼요.

A: You still love my love handles, right?
여전히 내 허리 살은 사랑하는 거지?

(평서문), right? (평서문)이지?

You have your passport, right? 너 여권 가지고 있지?

She is your friend, right? 걔는 네 친구지?

B: I love YOU. That's for sure. 자기를 사랑하긴 하지. 그건 확실해.

That's for sure. 그건 확실해.

You are pretty. That's for sure. 너 예뻐. 그건 확실해.

He is funny. That's for sure. 걔는 웃겨. 그건 확실해.

STEP 4 직접 손영작/입영작 | 핵심 패턴을 사용하여 손으로 영작하고 입으로 영작하세요.

1. 나 그거 먹고 싶지 않아. _____

2. 너 지금 떠나면 안 돼. _____

3. 우리 친구지? _____

4. 그는 똑똑해. 그건 확실해. _____

정답 | 1. I don't want to eat that. 2. You can't leave now. 3. We are friends, right? 4. He is smart. That's for sure.

DAY 102 그게 갑자기 생각났다고?

일상

방송시청 _____ 회 ▶ 손영작 _____ 회 ▶ 입영작 _____ 회 ▶ 반복낭독 _____ 회

STEP 1

Today's Dialogue | 방송으로 대화를 들으며 빈칸에 알맞은 단어를 최대한 채워 보세요.

A: Do you have any plans for _____? 오늘 밤에 약속 있어?

B: _____ yet. What's up? 아직 없는데. 무슨 일인데?

A: I happen to have _____ movie tickets.
어쩌다 보니 무료 영화표가 생겨서.

B: Oh, I almost forgot. It's my _____'s birthday.
아, 깜빡할 뻔했다. 내 남친 생일이다.

STEP 2

빈칸 단어 익히기 | 예문으로 단어의 쓰임을 익히세요.

- **tonight** 오늘 밤 / 오늘 밤에
  Tonight is very special. 오늘 밤은 매우 특별해.
  They are coming back tonight. 걔네 오늘 밤에 돌아와.

- **nothing** 아무것도 아닌 것
  Nothing happened. 아무 일도 안 벌어졌어.
  Nothing is more important. 더 중요한 건 없어.

- **free** 무료인
  The tickets are free. 티켓은 무료입니다.
  I received free coupons. 나 무료 쿠폰 받았어.

- **boyfriend** 남자 친구
  Do you have a boyfriend? 남자 친구 있어요?
  My boyfriend lives in Switzerland. 내 남자 친구는 스위스에 살아.

STEP 3 핵심 패턴 익히기 | 방송을 시청하며 각 문장의 핵심 패턴을 익히세요.

A: **Do you have any plans for tonight?** 오늘 밤에 약속 있어?
Do you have any plans + for (때)? (때)에 약속 있어?
Do you have any plans for tomorrow? 너 내일 약속 있어?
Do you have any plans for the weekend? 너 주말에 약속 있어?

B: **Nothing yet. What's up?** 아직 없는데. 무슨 일인데?
What's up? 무슨 일이야?
You look depressed. What's up? 너 우울해 보이는데. 무슨 일이야?
What's up? Are you okay? 무슨 일이야? 괜찮아?

A: **I happen to have free movie tickets.** 어쩌다 보니 무료 영화표가 생겨서.
happen to (동사원형) 어쩌다 보니 (동사원형)하다
I happen to have a few dollars. 나 어쩌다 보니 몇 달러가 있어.
We happen to know him. 우리 어쩌다 보니 걔를 알아.

B: **Oh, I almost forgot. It's my boyfriend's birthday.**
아, 깜빡할 뻔했다. 내 남친 생일이다.
almost (과거동사) (과거동사)할 뻔했다
I almost dropped my phone. 나 전화기 떨어뜨릴 뻔했어.
She almost fell down. 걔 넘어질 뻔했어.

STEP 4 직접 손영작/입영작 | 핵심 패턴을 사용하여 손으로 영작하고 입으로 영작하세요.

1. 너 오늘 약속 있어? _____

2. 너 엄청 조용하네. 무슨 일이야? _____

3. 나 어쩌다 보니 그의 아내를 알아. _____

4. 우린 그 게임을 질 뻔했어. _____

정답 | 1. Do you have any plans for today? 2. You are so quiet. What's up? 3. I happen to know his wife. 4. We almost lost the game.

DAY 103 배터리 방전은 악몽이야

직업

방송시청 _____ 회 ▶ 손영작 _____ 회 ▶ 입영작 _____ 회 ▶ 반복낭독 _____ 회

STEP 1 Today's Dialogue | 방송으로 대화를 들으며 빈칸에 알맞은 단어를 최대한 채워 보세요.

A: Your car needs a new _____, ma'am.
자동차에 새 배터리가 필요합니다, 부인.

B: Oh, _____. How much is a new battery?
아, 이런. 새 배터리는 얼만데요?

A: Cheap _____ go for $50. 저렴한 것들은 50달러가 나갑니다.

B: Go ahead and fix it. I'll _____ in the afternoon. 고쳐 주세요. 오후에 돌아올게요.

STEP 2 빈칸 단어 익히기 | 예문으로 단어의 쓰임을 익히세요.

- **battery** 배터리, 건전지
  The battery is running out. 배터리가 다 닳고 있어.
  I just replaced the batteries. 건전지를 방금 교체했어.

- **Bummer.** 이런.
  Oh, bummer. I really needed it. 오, 이런. 그게 정말 필요했는데.
  Oh, bummer! Are you serious? 아, 이런! 진짜예요?

- **one** 것 (대명사)
  I like the small one. 난 그 작은 게 마음에 들어.
  The blue ones are expensive. 파란 것들은 비싸.

- **come back** 돌아오다
  Come back by noon. 정오까지 돌아와.
  She came back yesterday. 걔는 어제 돌아왔어.

STEP 3 핵심 패턴 익히기 | 방송을 시청하며 각 문장의 핵심 패턴을 익히세요.

A: **Your car needs a new battery, ma'am.**
자동차에 새 배터리가 필요합니다, 부인.
need (명사) (명사)가 필요하다
I need your opinion. 난 네 의견이 필요해.
She needs assistance. 그녀는 도움이 필요합니다.

B: **Oh, bummer. How much is a new battery?**
아, 이런. 새 배터리는 얼만데요?
How much is/are (명사)? (명사)는 얼마죠?
How much is the pencil case? 그 필통은 얼마죠?
How much are these? 이것들은 얼마죠?

A: **Cheap ones go for $50.** 저렴한 것들은 50달러가 나갑니다.
go for (가격) (가격)이 나가다
They go for almost $100. 그것들은 거의 100달러가 나가.
This classic car goes for $100,000. 이 클래식 자동차는 10만 달러가 나가요.

B: **Go ahead and fix it. I'll come back in the afternoon.**
고쳐 주세요. 오후에 돌아올게요.
in the afternoon 오후에
I can meet you in the afternoon. 나 오후에 너 만날 수 있어.
She woke up in the afternoon. 걔는 오후에 일어났어.

STEP 4 직접 손영작/입영작 | 핵심 패턴을 사용하여 손으로 영작하고 입으로 영작하세요.

1. 우린 너의 도움이 필요해. _____

2. 이 여행 가방은 얼마죠? _____

3. 이 시계는 500달러가 나가. _____

4. 걔네는 오후에 돌아올 거야. _____

정답 | 1. We need your help. 2. How much is this suitcase? 3. This watch goes for $500. 4. They will come back in the afternoon.

DAY 104 역시 말만 한 거였어 〔관계〕

방송시청 ____회 ▶ 손영작 ____회 ▶ 입영작 ____회 ▶ 반복낭독 ____회

STEP 1
Today's Dialogue | 방송으로 대화를 들으며 빈칸에 알맞은 단어를 최대한 채워 보세요.

A: Long time no see, _____! 오랜만이네, 친구!

B: I know! We should catch up _____!
내 말이! 언제 밥 한번 먹어야지!

A: How about _____ tomorrow? 내일 커피 어때?

B: I'm sorry. I have a _____'s appointment tomorrow. 미안. 내일은 병원 예약이 있어서.

STEP 2
빈칸 단어 익히기 | 예문으로 단어의 쓰임을 익히세요.

- **man** (남성) 친구, 야
  That's okay, man. 괜찮아, 친구.
  Are you okay, man? 야, 괜찮아?

- **sometime** 언젠가
  Let's meet up sometime. 언제 한번 만나자.
  I will call you sometime tomorrow. 내가 내일 언제 전화할게.

- **coffee** 커피
  I drink coffee every day. 나 매일 커피 마셔.
  Coffee contains caffeine. 커피는 카페인을 함유하고 있어.

- **doctor** 의사
  Her husband is a doctor. 그녀의 남편은 의사야.
  I know a good doctor. 나 잘하는 의사 알아.

STEP 3 핵심 패턴 익히기 | 방송을 시청하며 각 문장의 핵심 패턴을 익히세요.

A: Long time no see, man! 오랜만이네, 친구!
  Long time no see. 오랜만이야.
  Long time no see, dude! 오랜만이네, 친구!
  Long time no see, Mr. Johnson. Johnson 씨 오랜만이네요.

B: I know! We should catch up sometime!
  내 말이! 언제 밥 한번 먹어야지!
  catch up 밥 한번 먹다, 밀린 대화를 나누다
  It was nice catching up with you. 너랑 밀린 대화 나눠서 좋았어.
  Let's catch up over lunch. 점심 먹으며 밀린 대화 좀 나누자.

A: How about coffee tomorrow? 내일 커피 어때?
  How about (명사)? (명사)는 어때?
  How about Korean food? 한식은 어때?
  How about Saturday? 토요일은 어때?

B: I'm sorry. I have a doctor's appointment tomorrow.
  미안. 내일은 병원 예약이 있어서.
  have an appointment 예약이 있다
  I have an appointment at 6. 나 6시에 예약 있어.
  Do you have an appointment? 예약 있으신가요?

STEP 4 직접 손영작/입영작 | 핵심 패턴을 사용하여 손으로 영작하고 입으로 영작하세요.

1. 오랜만이야, 마유! _____

2. 곧 밥 한번 먹자! _____

3. 이탈리아 음식은 어때? _____

4. 나 오늘 병원 예약 있어. _____

정답 | 1. Long time no see, Mayu! 2. Let's catch up soon! 3. How about Italian food? 4. I have a doctor's appointment today.

DAY 105 신혼여행 중 로맨틱한 저녁

여행

방송시청 _____ 회 ▶ 손영작 _____ 회 ▶ 입영작 _____ 회 ▶ 반복낭독 _____ 회

STEP 1
Today's Dialogue | 방송으로 대화를 들으며 빈칸에 알맞은 단어를 최대한 채워 보세요.

A: We're on our honeymoon. Are there any _____ gems?
저희 신혼여행 중인데요. 뭔가 숨겨진 보석 같은 곳이 있나요?

B: Check out the _____ spot by the beach.
해변 옆에 석양이 보이는 곳에 가 보세요.

A: That sounds like a romantic _____!
로맨틱한 저녁이 될 것 같네요!

B: The spot is very popular among _____.
거긴 신혼부부들 사이에서 엄청 인기 많아요.

STEP 2
빈칸 단어 익히기 | 예문으로 단어의 쓰임을 익히세요.

■ **hidden** 숨겨진
The ring is hidden inside. 반지가 안에 숨겨져 있어.
It's a hidden place. 거긴 숨겨진 곳이야.

■ **sunset** 석양
The sunset painted the sky. 석양이 하늘을 칠했어.
I want to watch the sunset! 나 해지는 거 보고 싶어!

■ **evening** 저녁
It was a special evening. 특별한 저녁이었어.
The show is in the evening. 그 쇼는 저녁에 있어.

■ **newlywed(s)** 신혼부부
We are newlyweds. 저희는 신혼부부예요.
Are you a newlywed? 방금 결혼하셨어요?

STEP 3 핵심 패턴 익히기 | 방송을 시청하며 각 문장의 핵심 패턴을 익히세요.

A: **We're on our honeymoon. Are there any hidden gems?**
저희 신혼여행 중인데요. 뭔가 숨겨진 보석 같은 곳이 있나요?

on one's honeymoon 신혼여행 중인

Are you on your honeymoon? 신혼여행 중이세요?
We were on our honeymoon. 우린 신혼여행 중이었어.

B: **Check out the sunset spot by the beach.**
해변 옆에 석양이 보이는 곳에 가 보세요.

check out (명사) (명사)를 살펴보다

Check out this place! 이곳 좀 봐!
I already checked it out. 그건 이미 살펴봤어.

A: **That sounds like a romantic evening!** 로맨틱한 저녁이 될 것 같네요!

sound like (명사) (명사)같이 들리다 / 들어 보니 (명사) 같다

It sounds like a fair deal. 공평한 거래같이 들리네요.
It doesn't sound like her. 그녀같이 들리지 않아. (→ 그녀가 한 말 같지 않아.)

B: **The spot is very popular among newlyweds.**
거긴 신혼부부들 사이에서 엄청 인기 많아요.

among (명사) (명사) 사이에서

It is popular among ladies. 그건 여성분들 사이에서 인기가 많아요.
The song is popular among Koreans. 그 노래는 한국인들 사이에서 인기가 많아.

STEP 4 직접 손영작/입영작 | 핵심 패턴을 사용하여 손으로 영작하고 입으로 영작하세요.

1. 그들은 신혼여행 중이야. _____

2. 난 그 식당을 살펴봤어. _____

3. 그건 마유같이 들리지 않아. _____

4. 그 카페는 십 대들 사이에서 인기가 많아. _____

정답 | **1.** They are on their honeymoon. **2.** I checked out the restaurant. **3.** It doesn't sound like Mayu. **4.** The cafe is popular among teenagers.

DAY 106 자매끼리 건전한 취미 생활　　가정

방송시청 ____회 ▶ 손영작 ____회 ▶ 입영작 ____회 ▶ 반복낭독 ____회

STEP 1

Today's Dialogue | 방송으로 대화를 들으며 빈칸에 알맞은 단어를 최대한 채워 보세요.

A: Did you _____ the book I lent you?
　　언니가 빌려준 책 다 읽었어?

B: Yeah, I loved it! I couldn't _____ it _____!
　　어, 완전 좋았어! 책을 내려놓을 수가 없었어!

A: What was your favorite _____?
　　가장 마음에 든 부분이 뭐였어?

B: The twist at the end totally _____ me!
　　끝에 반전 때문에 완전 충격받았어!

STEP 2

빈칸 단어 익히기 | 예문으로 단어의 쓰임을 익히세요.

- **finish** 마치다, 끝내다
  I finished the food. 나 그 음식 다 먹었어.
  I can't finish it. 나 그거 못 마치겠어. (→ 다 못 먹겠어.)

- **put down** 내려놓다
  Put it down here. 그걸 여기 내려놔.
  Put down your phone. 네 전화기 내려놔.

- **part** 부분
  I didn't like that part. 난 그 부분이 마음에 안 들었어.
  That's the best part! 그게 최고의 부분이야! (→ 그게 최고 장점이야!)

- **shock** 충격을 주다
  His voice shocked the audience. 그의 목소리가 청중에게 충격을 줬어.
  I was shocked! 나 충격 받았어!

STEP 3 핵심 패턴 익히기 | 방송을 시청하며 각 문장의 핵심 패턴을 익히세요.

A: **Did you finish the book I lent you?** 언니가 빌려준 책 다 읽었어?
　lend (목적어) (명사)　(목적어)에게 (명사)를 빌려주다
　Please lend us some money.　저희한테 돈을 좀 빌려주세요.
　He lent me $30.　걔가 나한테 30달러를 빌려줬어.

B: **Yeah, I loved it! I couldn't put it down!**
　어, 완전 좋았어! 책을 내려놓을 수가 없었어!
　couldn't (동사원형)　(동사원형)할 수 없었다
　I couldn't wake up.　나 일어날 수가 없었어.
　She couldn't say no.　걔는 싫다고 할 수가 없었어.

A: **What was your favorite part?** 가장 마음에 든 부분이 뭐였어?
　What was (명사)?　(명사)는 뭐였니?
　What was the noise?　그 소음은 뭐였어?
　What was the weird sound?　그 이상한 소리는 뭐였어?

B: **The twist at the end totally shocked me!**
　끝에 반전 때문에 완전 충격받았어!
　at the end　끝에, 마지막에
　The hero comes back at the end.　그 영웅은 마지막에 돌아와.
　They applauded at the end.　그들은 끝에 박수를 쳤어.

STEP 4 직접 손영작/입영작 | 핵심 패턴을 사용하여 손으로 영작하고 입으로 영작하세요.

1. 마유는 나한테 100달러를 빌려줬어. _____

2. 우린 포기할 수 없었어. _____

3. 저거 뭐였니? _____

4. 그녀는 끝에 떠나. _____

정답 | 1. Mayu lent me $100. 2. We couldn't give up. 3. What was that? 4. She leaves at the end.

DAY 107 영화 마라톤 함께 달리자 [일상]

방송시청 ____회 ▶ 손영작 ____회 ▶ 입영작 ____회 ▶ 반복낭독 ____회

STEP 1

Today's Dialogue | 방송으로 대화를 들으며 빈칸에 알맞은 단어를 최대한 채워 보세요.

A: I'm planning a movie _____ this weekend.
이번 주말에 영화 마라톤 계획 중인데.

B: _____! What movies are you watching?
멋진데! 무슨 영화들 보는데?

A: I'm thinking of romantic _____. 로맨틱 코미디 생각 중이야.

B: Count me in! I'll bring some _____!
나도 끼워 줘! 팝콘 좀 가져갈게!

STEP 2

빈칸 단어 익히기 | 예문으로 단어의 쓰임을 익히세요.

- **marathon** 마라톤
  Mayu finished the marathon. 마유는 그 마라톤을 끝냈어.
  I watched the marathon on TV. 나 TV에서 그 마라톤 봤어.

- **awesome** 멋진
  What an awesome design! 엄청 멋진 디자인이다!
  She is an awesome mom. 그녀는 멋진 엄마야.

- **comedy** 코미디
  I like stand-up comedy. 난 스탠드업 코미디가 좋아.
  She is into Korean comedy. 걔는 한국 코미디에 심취해 있어.

- **popcorn** 팝콘
  Mayu is eating popcorn. 마유는 팝콘을 먹고 있어.
  Should we get some popcorn? 우리 팝콘 좀 사야 하나?

STEP 3 핵심 패턴 익히기 | 방송을 시청하며 각 문장의 핵심 패턴을 익히세요.

A: **I'm planning a movie marathon this weekend.**
이번 주말에 영화 마라톤 계획 중인데.
be (~ing) (~ing)하고 있다
I am organizing a party. 난 파티를 준비 중이야.
Anna is watching TV. Anna는 TV를 보고 있어.

B: **Awesome! What movies are you watching?**
멋진데! 무슨 영화들 보는데?
What (명사) 무슨 (명사)
What movie did you watch? 너 무슨 영화 봤어?
What song are you listening to? 너 무슨 노래 듣고 있어?

A: **I'm thinking of romantic comedies.** 로맨틱 코미디 생각 중이야.
think + of (명사) (명사)를 생각하다/떠올리다/고려하다
I am thinking of blue. 나 파란색 생각 중이야.
Think of a word. 단어를 떠올려 봐.

B: **Count me in! I'll bring some popcorn!** 나도 끼워 줘! 팝콘 좀 가져갈게!
bring (명사) (명사)를 가져오다/가져가다
Bring some wine. 와인을 좀 가져와.
I will bring some candy. 캔디를 좀 가져갈게.

STEP 4 직접 손영작/입영작 | 핵심 패턴을 사용하여 손으로 영작하고 입으로 영작하세요.

1. 우린 함께 노래하고 있어.　_____

2. 넌 무슨 색을 원하니?　_____

3. 난 K-드라마들을 생각 중이야.　_____

4. 친구들을 좀 데려와.　_____

정답 | 1. We are singing together. 2. What color do you want? 3. I am thinking of K-dramas. 4. Bring some friends.

DAY 108 승무원은 쉬운 직업이 아니야   직업

방송시청 ____회 ▶ 손영작 ____회 ▶ 입영작 ____회 ▶ 반복낭독 ____회

STEP 1
Today's Dialogue | 방송으로 대화를 들으며 빈칸에 알맞은 단어를 최대한 채워 보세요.

A: Can I get a _____, please? It's a bit cold.
담요 가져다주실 수 있어요? 약간 춥네요.

B: Sure. I'll get you a _____, too.
그럼요. 베개도 가져다드릴게요.

A: Also, do you think I can _____ seats?
그리고, 자리를 바꿀 수 있을까요?

B: Let me go and check. I'll be _____ back.
가서 확인해 볼게요. 금방 돌아올게요.

STEP 2
빈칸 단어 익히기 | 예문으로 단어의 쓰임을 익히세요.

■ **blanket** 담요
I need a thick blanket. 저 두꺼운 필요가 필요해요.
Here's the blanket. 담요 여기 있어요.

■ **pillow** 베개
The pillow is too soft. 그 베개는 너무 푹신해.
We had a pillow fight. 우리 베개 싸움했어.

■ **switch** 맞바꾸다
They switched seats. 걔네는 자리를 맞바꿨어.
He quickly switched topics. 걔는 재빨리 주제를 바꿨어.

■ **right** 바로
Do it right now. 그걸 바로 지금 (당장) 해.
I live right there. 나 바로 저기 살아.

STEP 3 핵심 패턴 익히기 | 방송을 시청하며 각 문장의 핵심 패턴을 익히세요.

A: Can I get a blanket, please? It's a bit cold.
담요 가져다주실 수 있어요? 약간 춥네요.

a bit 약간

That one is a bit expensive. 그건 약간 비싸요.
I was a bit mad. 나 약간 삐쳤어.

B: Sure. I'll get you a pillow, too. 그럼요. 베개도 가져다드릴게요.

get (목적어) + (명사) (목적어)에게 (명사)를 가져다주다

Get me some tea. 나한테 차를 좀 가져다줘.
I got her earphones. 제가 그분께 이어폰을 가져다드렸어요.

A: Also, do you think I can switch seats? 그리고, 자리를 바꿀 수 있을까요?

Do you think + (평서문)? (평서문)이라고 생각해? / (평서문)인 거 같아?

Do you think I am chubby? 너 내가 통통하다고 생각해?
Do you think you can stop by? 너 잠깐 들를 수 있을 거 같아?

B: Let me go and check. I'll be right back.
가서 확인해 볼게요. 금방 돌아올게요.

Let me go and (동사원형). 가서 (동사원형)할게요.

Let me go and ask. 가서 물어볼게요.
Let me go and bring it. 가서 그걸 가져올게.

STEP 4 직접 손영작/입영작 | 핵심 패턴을 사용하여 손으로 영작하고 입으로 영작하세요.

1. 그 영화는 약간 지루해. _____

2. 나한테 뜨거운 물을 좀 가져다줘. _____

3. 너 날 도와줄 수 있을 거 같아? _____

4. 가서 제 가방을 확인해 볼게요. _____

정답 | 1. The movie is a bit boring. 2. Get me some hot water. 3. Do you think you can help me? 4. Let me go and check my bag.

DAY 109 이제 함께할 때도 됐어 　관계

방송시청 ____회 ▶ 손영작 ____회 ▶ 입영작 ____회 ▶ 반복낭독 ____회

STEP 1

Today's Dialogue | 방송으로 대화를 들으며 빈칸에 알맞은 단어를 최대한 채워 보세요.

A: I've been thinking about us a lot _____.
우리에 대해 최근 들어 많이 생각해 오고 있어.

A: I think it's time we _____. 우리 결혼할 때도 된 것 같아.

B: _____... Are you proposing to me?
잠깐… 나한테 청혼하는 거야?

B: Oh, my God. I think I'm going to _____...
오, 맙소사, 나 울 것 같아…

STEP 2

빈칸 단어 익히기 | 예문으로 단어의 쓰임을 익히세요.

■ **lately** 최근 들어
My son has been quiet lately. 내 아들이 최근 들어 조용해.
It's been raining a lot lately. 최근 들어 비가 많이 오고 있어.

■ **get married** 결혼하다
I got married last year. 나 작년에 결혼했어.
When are you getting married? 너 언제 결혼해?

■ **wait** 기다리다 / 잠깐
I am waiting for you. 나 너 기다리고 있어.
Wait... Are you serious? 잠깐… 너 진심이야?

■ **cry** 울다
Can you stop crying? 그만 좀 울 수 있을까?
John cried all night. John이 밤새도록 울었어.

STEP 3 핵심 패턴 익히기 | 방송을 시청하며 각 문장의 핵심 패턴을 익히세요.

A: **I've been thinking about us a lot lately.**
우리에 대해 최근 들어 많이 생각해 오고 있어.
`think + about (목적어)` (목적어)에 대해 생각하다
Do you ever think about us? 너 우리에 대해 생각해 보긴 하니?
What are you thinking about? 너 무엇에 대해 생각 중이야?

A: **I think it's time we got married.** 우리 결혼할 때도 된 것 같아.
`It's time + (평서문 과거).` (평서문 과거)일 때도 됐어.
It's time I got a new phone. 나 새 전화기 살 때도 됐어.
It's time we made some changes. 우리 변화를 줄 때도 됐어.

B: **Wait... Are you proposing to me?** 잠깐… 나한테 청혼하는 거야?
`propose + to (목적어)` (목적어)에게 청혼하다
I proposed to my girlfriend. 나 여자 친구한테 청혼했어.
Aren't you going to propose to me? 너 나한테 청혼 안 할 꺼야?

B: **Oh, my God. I think I'm going to cry...** 오, 맙소사, 나 울 것 같아…
`I think I am going to (동사원형).` 나 (동사원형)할 거 같아.
I think I am going to throw up. 나 토할 거 같아.
I think I am going to pass out. 나 기절할 거 같아.

STEP 4 직접 손영작/입영작 | 핵심 패턴을 사용하여 손으로 영작하고 입으로 영작하세요.

1. 나 음식에 대해 생각 중이야. _____

2. 우리 새집을 살 때도 됐어. _____

3. 너 그녀에게 청혼했니? _____

4. 나 죽을 거 같아. _____

정답 | 1. I am thinking about food. 2. It's time we bought a new house. 3. Did you propose to her? 4. I think I am going to die.

DAY 110 우리 드라이브 좀 가 볼까? 　여 행

방송시청 ____회 ▶ 손영작 ____회 ▶ 입영작 ____회 ▶ 반복낭독 ____회

STEP 1

Today's Dialogue | 방송으로 대화를 들으며 빈칸에 알맞은 단어를 최대한 채워 보세요.

A: Can you recommend a _____ route for a drive? 경치 좋은 드라이브 코스 추천해 줄 수 있어요?

B: The coastal _____ offers beautiful views. 해안 고속 도로가 아름다운 뷰를 보여 주죠.

A: How long does the _____ take? 그 드라이브가 얼마나 걸려요?

B: It takes _____ an hour. 1시간 정도 걸려요.

STEP 2

빈칸 단어 익히기 | 예문으로 단어의 쓰임을 익히세요.

■ **scenic** 경치 좋은
We enjoyed a scenic drive. 우린 경치 좋은 드라이브를 즐겼어.
There are some scenic spots. 경치 좋은 곳이 좀 있어.

■ **highway** 고속 도로
We are driving on a highway. 우린 고속 도로를 달리고 있어.
The car stopped in the middle of the highway. 차가 고속 도로 한가운데서 섰어.

■ **drive** 드라이브
It was a smooth drive. 그건 매끄러운 드라이브였어.
It was a long drive. 그건 긴 드라이브였어.

■ **about** 약, ~ 정도
It costs about $20. 그것은 약 20달러가 들어요.
I will be there in about an hour. 나 한 시간 정도 있다가 거기 도착할 거야.

STEP 3 핵심 패턴 익히기 | 방송을 시청하며 각 문장의 핵심 패턴을 익히세요.

A: **Can you recommend a scenic route for a drive?**
경치 좋은 드라이브 코스 추천해 줄 수 있어요?

Can you recommend (명사)? (명사)를 추천해 줄 수 있어요?

Can you recommend a good camera? 괜찮은 카메라 추천해 줄 수 있어?
Can you recommend a cheap hotel? 저렴한 호텔 추천해 줄 수 있어?

B: **The coastal highway offers beautiful views.**
해안 고속 도로가 아름다운 뷰를 보여 주죠.

offer (명사) (명사)를 제공하다

The hotel offers great views. 그 호텔은 아주 좋은 뷰를 제공해.
They offer great service. 거긴 아주 좋은 서비스를 제공해.

A: **How long does the drive take?** 그 드라이브가 얼마나 걸려요?

How long does (명사) take? (명사)가 얼마나 걸려요?

How long does the flight take? 비행이 얼마나 걸려요?
How long does the repair take? 수리가 얼마나 걸려요?

B: **It takes about an hour.** 1시간 정도 걸려요.

take (시간 / 기간) (시간 / 기간)이 걸리다

It takes about 30 minutes. 30분 정도 걸려요.
The repair took 3 weeks. 수리가 3주 걸렸어.

STEP 4 직접 손영작/입영작 | 핵심 패턴을 사용하여 손으로 영작하고 입으로 영작하세요.

1. 괜찮은 충전기 추천해 줄 수 있어? _____

2. 그 호텔은 괜찮은 음식을 제공해. _____

3. 그 인터뷰는 얼마나 걸려요? _____

4. 3일이 걸렸어. _____

정답 | 1. Can you recommend a good charger? 2. The hotel offers good food. 3. How long does the interview take? 4. It took 3 days.

DAY 111 옷은 원래 공유하는 거야, 동생아　　가정

방송시청 _____ 회 ▶ 손영작 _____ 회 ▶ 입영작 _____ 회 ▶ 반복낭독 _____ 회

STEP 1
Today's Dialogue | 방송으로 대화를 들으며 빈칸에 알맞은 단어를 최대한 채워 보세요.

A: Why did you take my _____ without asking?
왜 물어보지도 않고 내 드레스 가져갔어?

B: Don't _____! I was just borrowing it!
과민 반응 하지 마! 그냥 빌린 거잖아!

B: I was about to _____ it! 막 돌려주려던 참이었다고!

A: I hate when you wear my _____!
언니가 내 옷 입는 거 진짜 싫어!

STEP 2
빈칸 단어 익히기 | 예문으로 단어의 쓰임을 익히세요.

- **dress** 드레스
  Mia is wearing a dress. Mia는 드레스를 입고 있어.
  Let me see your wedding dress. 웨딩드레스 좀 보여 줘.

- **overreact** 과민 반응 하다
  I overreacted. 내가 과민 반응 했어.
  You are just overreacting. 너 그냥 과민 반응 하는 거야.

- **return** 돌려주다, 반납하다
  Return it to me tomorrow. 그거 내일 나한테 돌려줘.
  I returned the car on time. 저 시간 맞춰서 자동차 반납했어요.

- **clothes** 옷
  I have to put on clothes first. 나 옷부터 입어야 돼.
  I am washing my clothes. 나 세탁 중이야.

STEP 3 핵심 패턴 익히기 | 방송을 시청하며 각 문장의 핵심 패턴을 익히세요.

A: **Why did you take my dress without asking?**
왜 물어보지도 않고 내 드레스 가져갔어?
without (~ing) (~ing)하지 않은 채/않고
I slept without eating. 나 먹지도 않은 채 잤어.
She left without saying goodbye. 걔는 인사도 안 하고 떠났어.

B: **Don't overreact! I was just borrowing it!**
과민 반응 하지 마! 그냥 빌린 거잖아!
Don't (동사원형). (동사원형)하지 마.
Don't lie to us. 우리한테 거짓말하지 마.
Don't come near me. 내 근처에 오지 마.

B: **I was about to return it!** 막 돌려주려던 참이었다고!
be about to (동사원형) (동사원형)하려는 참이다
I am about to go home. 나 집에 가려는 참이야.
She was about to eat. 걔는 먹으려는 참이었어.

A: **I hate when you wear my clothes!** 언니가 내 옷 입는 거 진짜 싫어!
I hate + when (평서문). (평서문)인 거 진짜 싫어.
I hate when you lie to me. 네가 나한테 거짓말하는 거 진짜 싫어.
I hate when he says that. 걔가 그렇게 말하는 거 진짜 싫어.

STEP 4 직접 손영작/입영작 | 핵심 패턴을 사용하여 손으로 영작하고 입으로 영작하세요.

1. 난 먹지도 않은 채 일했어. _____

2. 날 밀지 마. _____

3. 우린 떠나려는 참이야. _____

4. 네가 노래하는 거 진짜 싫어. _____

정답 **1.** I worked without eating. **2.** Don't push me. **3.** We are about to leave. **4.** I hate when you sing.

DAY 112 대체 얼마나 웃긴 영상이길래

일상

방송시청 ____ 회 ▶ 손영작 ____ 회 ▶ 입영작 ____ 회 ▶ 반복낭독 ____ 회

STEP 1

Today's Dialogue | 방송으로 대화를 들으며 빈칸에 알맞은 단어를 최대한 채워 보세요.

A: Did you see the _____ video I sent you?
내가 보내 준 바이럴 영상 봤어?

B: It was _____! I couldn't stop laughing!
엄청 웃겼어! 웃는 걸 멈출 수가 없었다니깐!

B: I watched it like... ten times _____.
나 벌써 그거 한… 열 번 봤어.

A: It never _____! 절대 질리지가 않는다니깐!

STEP 2

빈칸 단어 익히기 | 예문으로 단어의 쓰임을 익히세요.

- **viral** 바이럴한, 바이러스처럼 퍼지는
  I watched the viral video on iTube. 나 iTube에서 그 바이럴 영상 봤어.
  The story went viral. 그 이야기는 바이러스처럼 퍼졌어.

- **hilarious** 엄청 웃기는
  You are hilarious! 너 엄청 웃겨!
  It was a hilarious joke. 그거 엄청 웃긴 농담이었어.

- **already** 벌써, 이미
  It's already 10. 벌써 10시야.
  I am already there. 나 거기 벌써 도착했어.

- **get old** 질리다
  The joke never gets old! 그 농담은 절대 안 질려!
  Dad jokes never get old. 아재 개그는 절대 안 질려.

STEP 3 핵심 패턴 익히기 | 방송을 시청하며 각 문장의 핵심 패턴을 익히세요.

A: **Did you see the viral video I sent you?** 내가 보내 준 바이럴 영상 봤어?
  `Did you (동사원형)?` 너 (동사원형)했어?
  Did you see the snowman? 너 그 눈사람 봤어?
  Did you hear the rumor? 너 그 소문 들었어?

B: **It was hilarious! I couldn't stop laughing!**
  엄청 웃겼어! 웃는 걸 멈출 수가 없었다니깐!
  `can't/couldn't stop (~ing)` (~ing)하는 걸 멈출 수가 없다/없었다
  I can't stop smiling. 나 미소 짓는 걸 못 멈추겠어.
  I couldn't stop looking at her. 난 그녀를 쳐다보는 걸 멈출 수 없었어.

B: **I watched it like… ten times already.** 나 벌써 그거 한… 열 번 봤어.
  `like` 한, 대략
  I ate like… 10 pieces. 나 한… 열 조각 먹었어.
  We waited for like… 2 hours. 우린 한… 두 시간 기다렸어.

A: **It never gets old!** 절대 질리지가 않는다니깐!
  `never` 절대 아닌
  You never laugh! 넌 절대 안 웃어!
  She never comes in late. 걔는 절대 지각 안 해.

STEP 4 직접 손영작/입영작 | 핵심 패턴을 사용하여 손으로 영작하고 입으로 영작하세요.

1. 너 그 검정 새 봤어? _____

2. 우린 춤추는 걸 멈출 수가 없었어. _____

3. 나 한… 5달러 가지고 있어. _____

4. 난 절대 거짓말 안 해! _____

정답 | 1. Did you see the black bird? 2. We couldn't stop dancing. 3. I have like… $5. 4. I never lie!

DAY 113 아파트를 찾고 있는 유학생

직업

방송시청 ____회 ▶ 손영작 ____회 ▶ 입영작 ____회 ▶ 반복낭독 ____회

STEP 1
Today's Dialogue | 방송으로 대화를 들으며 빈칸에 알맞은 단어를 최대한 채워 보세요.

A: This _____ has two bedrooms and one bathroom. 이 아파트는 침실 두 개에 화장실 하나예요.

B: How much is the _____? 월세가 얼마죠?

A: It's $1,500 including _____. 공공요금 포함해서 1,500달러입니다.

B: Wow, that's quite _____. 와, 꽤 비싸네요.

STEP 2
빈칸 단어 익히기 | 예문으로 단어의 쓰임을 익히세요.

- **apartment** 아파트
  It's a huge apartment complex. 거긴 엄청 큰 아파트 단지야.
  It's an old apartment. 거긴 오래된 아파트야.

- **monthly rent** 월세
  The monthly rent there is $500. 거기 월세는 500달러야.
  The monthly rent is too high. 월세가 너무 비싸.

- **utility** (전기, 수도, 가스 등의) 공공요금
  Utilities are billed separately. 공공요금은 따로 청구됩니다.
  Utilities are expensive here. 여기 공공요금이 비싸.

- **steep** 비싼, 가파른
  It's a little steep, isn't it? 그거 좀 비싸지 않아?
  They are climbing a steep hill. 그들은 가파른 언덕을 오르고 있어.

STEP 3 핵심 패턴 익히기 | 방송을 시청하며 각 문장의 핵심 패턴을 익히세요.

A: **This apartment has two bedrooms and one bathroom.**
이 아파트는 침실 두 개에 화장실 하나예요.
and 그리고, ~하고, ~와
I have an apple and an orange. 나 사과하고 오렌지가 있어.
I live here, and she lives over there. 난 여기 살고, 걔는 저기 살아.

B: **How much is the monthly rent?** 월세가 얼마죠?
How much is/are (명사)? (명사)는 얼마죠?
How much is the option? 그 옵션은 얼마죠?
How much are the options? 그 옵션들은 얼마죠?

A: **It's $1,500 including utilities.** 공공요금 포함해서 1,500달러입니다.
including (명사) (명사)를 포함해서
It's $300 including tax. 세금 포함해서 300달러입니다.
They are all girls including me. 날 포함해서 다 여자야.

B: **Wow, that's quite steep.** 와, 꽤 비싸네요.
quite (형용사) 꽤 (형용사)한
Their products are quite cheap. 그들의 제품들은 꽤 저렴해.
The box is quite heavy. 그 상자는 꽤 무거워.

STEP 4 직접 손영작/입영작 | 핵심 패턴을 사용하여 손으로 영작하고 입으로 영작하세요.

1. 나 펜하고 연필 샀어. _____

2. 이 스카프들은 얼마죠? _____

3. 세금 포함해서 25달러입니다. _____

4. 모든 게 꽤 쉬웠어. _____

정답 | 1. I bought a pen and a pencil. 2. How much are these scarves? 3. It's $25 including tax. 4. Everything was quite easy.

DAY 114 이웃끼리 친해야 인생도 편하다 관계

방송시청 ____회 ▶ 손영작 ____회 ▶ 입영작 ____회 ▶ 반복낭독 ____회

STEP 1
Today's Dialogue | 방송으로 대화를 들으며 빈칸에 알맞은 단어를 최대한 채워 보세요.

A: I just talked to the new _____.
방금 새로 이사 온 이웃이랑 얘기했어요.

A: They seem like _____ people. 좋은 사람들 같아 보였어요.

B: I saw them, too. I think they are _____.
나도 봤어요. 신혼부부인 거 같은데.

B: Why don't we _____ them over sometime?
언제 집으로 초대하는 게 어때요?

STEP 2
빈칸 단어 익히기 | 예문으로 단어의 쓰임을 익히세요.

■ **neighbor** 이웃
I am your new neighbor. 저는 새로 온 이웃이에요.
We have many neighbors here. 여긴 이웃이 많아.

■ **nice** 좋은, 착한
They are good friends. 걔네는 좋은 친구들이야.
Is Mayu a nice guy? 마유는 착한 남자니?

■ **newlywed(s)** 신혼부부
I am a newlywed. 저 신혼이에요.
There are many newlyweds at the party. 파티에 신혼부부가 많아.

■ **invite** 초대하다
Did you invite Frank? 너 Frank 초대했어?
Let's invite more people. 더 많은 사람을 초대하자.

STEP 3 핵심 패턴 익히기 | 방송을 시청하며 각 문장의 핵심 패턴을 익히세요.

A: I just talked to the new neighbors.
방금 새로 이사 온 이웃이랑 얘기했어요.
`talk + to (목적어)` (목적어)와 얘기하다
Talk to my manager. 제 매니저와 얘기하세요.
They are talking to each other. 걔네는 서로 얘기 중이야.

A: They seem like nice people. 좋은 사람들 같아 보였어요.
`seem + like (명사)` (명사) 같아 보이다
She seems like a good person. 걔는 좋은 사람 같아 보여.
Mayu seemed like a quiet man. 마유는 조용한 사람 같아 보였어.

B: I saw them, too. I think they are newlyweds.
나도 봤어요. 신혼부부인 거 같은데.
`I think + (평서문).` (평서문)이라고 생각해. / (평서문)인 거 같아.
I think you are strong. 난 네가 강하다고 생각해.
I think they are just friends. 걔네는 그냥 친구인 거 같아.

B: Why don't we invite them over sometime?
언제 집으로 초대하는 게 어때요?
`Why don't we (동사원형)?` 우리 (동사원형)하는 게 어때?
Why don't we invite him over? 우리 걔를 집으로 초대하는 게 어때?
Why don't we go to the library? 우리 도서관에 가는 게 어때?

STEP 4 직접 손영작/입영작 | 핵심 패턴을 사용하여 손으로 영작하고 입으로 영작하세요.

1. 너 그녀랑 얘기했어?　_____

2. 그녀는 수줍은 여자애 같아 보여.　_____

3. 난 네가 용감하다고 생각해.　_____

4. 우리 뭔가를 주문하는 게 어때?　_____

정답 | **1.** Did you talk to her? **2.** She seems like a shy girl. **3.** I think you are brave. **4.** Why don't we order something?

DAY 115 아이들에게 줄 기념품 사기

여행

방송시청 ____ 회 ▶ 손영작 ____ 회 ▶ 입영작 ____ 회 ▶ 반복낭독 ____ 회

STEP 1
Today's Dialogue | 방송으로 대화를 들으며 빈칸에 알맞은 단어를 최대한 채워 보세요.

A: Would you recommend _____ for kids?
아이들 줄 기념품 추천해 주시겠어요?

B: We have handmade dolls as well as _____ toys.
수제 인형과 나무로 된 장난감이 있습니다.

A: Are they safe for _____? 유아에게 안전한가요?

B: Absolutely! We only use non-toxic _____.
물론이죠! 저희는 무독성 소재만 사용합니다.

STEP 2
빈칸 단어 익히기 | 예문으로 단어의 쓰임을 익히세요.

- **souvenir** 기념품
  I forgot to buy souvenirs. 나 기념품 사는 거 잊었어.
  I bought souvenirs for my wife. 난 아내한테 줄 기념품들을 샀어.

- **wooden** 나무로 된
  Wooden toys are never cheap. 나무로 된 장난감은 절대 싸지 않아.
  This is a wooden table. 이건 나무로 된 탁자야.

- **toddler** 유아
  I have a 2-year-old toddler. 전 두 살 된 유아가 있어요.
  It's safe for toddlers. 그건 유아에게 안전합니다.

- **material** 소재, 재료, 자료
  We use organic materials. 저희는 유기농 소재를 사용합니다.
  I prepared the presentation materials. 난 발표 자료를 준비했어.

STEP 3 핵심 패턴 익히기 | 방송을 시청하며 각 문장의 핵심 패턴을 익히세요.

A: **Would you recommend souvenirs for kids?**
아이들 줄 기념품 추천해 주시겠어요?

Would you (동사원형)? (동사원형)해 주시겠어요?

Would you recommend a good game? 괜찮은 게임을 추천해 주시겠어요?
Would you wait downstairs? 아래층에서 기다려 주시겠어요?

B: **We have handmade dolls as well as wooden toys.**
수제 인형과 나무로 된 장난감이 있습니다.

A as well as B A와 B

I speak English as well as Korean. 난 영어랑 한국어를 구사해.
We have apples as well as pears. 저희는 사과와 배가 있어요.

A: **Are they safe for toddlers?** 유아에게 안전한가요?

Am/Are/Is (주어) (형용사)? (주어)는 (형용사)한가요?

Are they dangerous? 그것들은 위험한가요?
Is this easy for kids? 이건 아이들에게 쉽나요?

B: **Absolutely! We only use non-toxic materials.**
물론이죠! 저희는 무독성 소재만 사용합니다.

Absolutely! 물론이죠! / 당연하죠!

Absolutely! I will call you! 물론이지! 내가 전화할게!
Absolutely! Call me anytime! 당연하죠! 아무 때나 전화하세요!

STEP 4 직접 손영작/입영작 | 핵심 패턴을 사용하여 손으로 영작하고 입으로 영작하세요.

1. 트렁크를 열어 주시겠어요? _____

3. 저희는 커피와 차가 있어요. _____

4. 저희는 여기서 안전한가요? _____

5. 물론이죠! 안전벨트를 꽉 매 주세요. _____

정답 | 1. Would you open the trunk? 2. We have coffee as well as tea. 3. Are we safe here? 4. Absolutely! Please buckle up.

DAY 116 아빠가 새롭게 보인다

가정

방송시청 ____회 ▶ 손영작 ____회 ▶ 입영작 ____회 ▶ 반복낭독 ____회

STEP 1 Today's Dialogue | 방송으로 대화를 들으며 빈칸에 알맞은 단어를 최대한 채워 보세요.

A: I want to _____ how to play the guitar.
저 기타 치는 법 배우고 싶어요.

B: Your dad is an amazing _____ player.
아빠가 기타 엄청 잘 치셔.

B: He used to be in a _____. 록 밴드에서 활동하곤 했지.

A: No way! Dad was a _____? 말도 안 돼! 아빠가 음악가였다고요?

STEP 2 빈칸 단어 익히기 | 예문으로 단어의 쓰임을 익히세요.

- **learn** 배우다
  I learned something new. 나 뭔가 새로운 걸 배웠어.
  Learning English can be fun. 영어를 배우는 건 재밌을 수 있어.

- **guitar** 기타
  Jimi Hendrix played this guitar. Jimi Hendrix가 이 기타를 쳤어.
  This guitar is really light! 이 기타 정말 가볍네요!

- **rock band** 록 밴드
  Yessica is in a rock band. Yessica는 록 밴드에 활동해.
  It's my favorite rock band! 그건 내가 가장 좋아하는 록 밴드야!

- **musician** 음악가
  I want to be a musician. 난 음악가가 되고 싶어.
  He is a brilliant musician. 그는 뛰어난 음악가야.

STEP 3 핵심 패턴 익히기 | 방송을 시청하며 각 문장의 핵심 패턴을 익히세요.

A: **I want to learn how to play the guitar.** 저 기타 치는 법 배우고 싶어요.
`how to (동사원형)` (동사원형)하는 법
I learned how to swim. 나 수영하는 법 배웠어.
Learn how to speak English. 영어 말하는 법을 배워라.

B: **Your dad is an amazing guitar player.** 아빠가 기타 엄청 잘 치셔.
`(형용사) (명사)` (형용사)한 (명사)
You are a great cook! 넌 대단한 요리사야!
She is a lonely person. 걔는 외로운 사람이야.

B: **He used to be in a rock band.** 록 밴드에서 활동하곤 했지.
`used to (동사원형)` (동사원형)하곤 했다
I used to be in a boy band. 난 남자 아이돌 그룹에 있곤 했어.
I used to work out every day. 난 매일 운동하곤 했어.

A: **No way! Dad was a musician?** 말도 안 돼! 아빠가 음악가였다고요?
`No way!` 말도 안 돼! / 절대 아니야! / 절대 싫어!
No way! You have a brother? 말도 안 돼! 네가 형이 있다고?
No way! It's my turn! 절대 싫어! 내 차례야!

STEP 4 직접 손영작/입영작 | 핵심 패턴을 사용하여 손으로 영작하고 입으로 영작하세요.

1. 나 노래하는 법 배웠어.   _____

2. 넌 사랑스러운 사람이야.   _____

3. 난 거기에서 일하곤 했어.   _____

4. 말도 안 돼! 넌 거짓말하고 있는 거야!   _____

정답 | **1.** I learned how to sing. **2.** You are a lovely person. **3.** I used to work there. **4.** No way! You are lying!

DAY 117 Bob이 사랑을 못 받는 이유   일상

방송시청 ____ 회 ▶ 손영작 ____ 회 ▶ 입영작 ____ 회 ▶ 반복낭독 ____ 회

STEP 1

Today's Dialogue | 방송으로 대화를 들으며 빈칸에 알맞은 단어를 최대한 채워 보세요.

A: Bob thinks he knows everything. I can't _____ him. Bob은 자기가 다 아는 줄 알아. 못 참겠어.

B: I hear you. He's unbelievably _____.
공감해. 믿을 수 없을 정도로 짜증 나지.

B: And he keeps _____ about everything.
그리고 계속 모든 것에 대해 거짓말을 해.

A: No wonder Jenny _____ him. Jenny가 걔를 떠날 만했네.

STEP 2

빈칸 단어 익히기 | 예문으로 단어의 쓰임을 익히세요.

- **stand** 참다, 견디다
  I couldn't stand her. 난 그녀를 참을 수가 없었어.
  I can't stand his voice! 난 그의 목소리를 못 견디겠어!

- **annoying** 짜증 나게 하는, 짜증 나는
  You are so annoying! 너 엄청 짜증 나!
  It was an annoying sound. 그건 짜증 나는 소리였어.

- **lie** 거짓말하다 / 거짓말
  I couldn't lie to her. 난 그녀에게 거짓말할 수가 없었어.
  I am tired of your lies. 난 네 거짓말이 지겨워.

- **leave** 떠나다
  Don't leave me. 날 떠나지 마.
  She left her boyfriend. 걔는 자기 남자 친구를 떠났어.

STEP 3 핵심 패턴 익히기 | 방송을 시청하며 각 문장의 핵심 패턴을 익히세요.

A: Bob thinks he knows everything. I can't stand him.
Bob은 자기가 다 아는 줄 알아. 못 참겠어.
(주어) think(s) + (평서문). (주어)는 (평서문)이라고 생각해/(평서문)인 줄 알아.
Henry thinks he is good-looking. Henry는 자기가 잘생겼다고 생각해.
She thinks she is the best. 걔는 자기가 최고인 줄 알아.

B: I hear you. He's unbelievably annoying.
공감해. 믿을 수 없을 정도로 짜증 나지.
unbelievably 믿을 수 없을 정도로
She is unbelievably cute. 걔는 믿을 수 없을 정도로 귀여워.
It was unbelievably easy. 그거 믿을 수 없을 정도로 쉬웠어.

B: And he keeps lying about everything.
그리고 계속 모든 것에 대해 거짓말을 해.
keep (~ing) 계속 (~ing)하다
It keeps happening. 그런 일이 계속 벌어져.
She kept sneezing. 걔는 계속 재채기를 했어.

A: No wonder Jenny left him. Jenny가 걔를 떠날 만했네.
(It's) No wonder + (평서문). (평서문)일만 하네. / (평서문)인 게 놀랍지도 않네.
No wonder you are single. 네가 애인이 없을 만하네.
No wonder they are mad. 걔네가 화난 게 놀랍지도 않네.

STEP 4 직접 손영작/입영작 | 핵심 패턴을 사용하여 손으로 영작하고 입으로 영작하세요.

1. Josh는 자기가 터프한 줄 알아. _____

2. 믿을 수 없을 정도로 더워. _____

3. 계속 얘기해. _____

4. 네가 우울할 만하네. _____

정답 | 1. Josh thinks he is tough. 2. It's unbelievably hot. 3. Keep talking. 4. No wonder you are depressed.

DAY 118 계약 전에 변호사와 상담하기 [직업]

방송시청 ____회 ▶ 손영작 ____회 ▶ 입영작 ____회 ▶ 반복낭독 ____회

STEP 1

Today's Dialogue | 방송으로 대화를 들으며 빈칸에 알맞은 단어를 최대한 채워 보세요.

A: I'm worried about the _____. 계약서가 걱정돼요.

B: Let me _____ it for you before you sign it.
서명하시기 전에 제가 검토해 드릴게요.

A: Thank you. I don't want to make a _____.
고마워요. 실수하고 싶지 않아서요.

B: I'll make sure everything looks _____.
모든 게 괜찮아 보이는지 확실히 할게요.

STEP 2

빈칸 단어 익히기 | 예문으로 단어의 쓰임을 익히세요.

- **contract** 계약, 계약서
  She signed a contract. 그녀는 계약서에 서명했어.
  The contract starts tomorrow. 그 계약은 내일 시작됩니다.

- **review** 검토하다, 복습하다
  I reviewed the report. 난 그 보고서를 검토했어.
  Let's review the chapter. 그 챕터를 복습하자.

- **mistake** 실수
  It was a mistake. 그건 실수였어.
  I don't think it was a mistake. 그건 실수가 아니었던 거 같아.

- **okay** 괜찮은
  I am not okay. 나 안 괜찮아.
  Thank God you are okay! 네가 괜찮아서 참 다행이야!

STEP 3 핵심 패턴 익히기 | 방송을 시청하며 각 문장의 핵심 패턴을 익히세요.

A: **I'm worried about the contract.** 계약서가 걱정돼요.
   be worried + about (명사) (명사)가 걱정되다
   I am worried about you. 난 네가 걱정돼.
   We are worried about the leak. 저희는 그 누수가 걱정돼요.

B: **Let me review it for you before you sign it.**
   서명하시기 전에 제가 검토해 드릴게요.
   before (평서문) (평서문)이기 전에
   Call me before you leave. 떠나기 전에 나한테 전화해.
   She washed her hands before she ate. 걔는 먹기 전에 손을 씻었어.

A: **Thank you. I don't want to make a mistake.**
   고마워요. 실수하고 싶지 않아서요.
   make a mistake 실수하다
   I made a mistake again. 나 또 실수했어.
   Don't make the same mistake. 같은 실수하지 마.

B: **I'll make sure everything looks okay.**
   모든 게 괜찮아 보이는지 확실히 할게요.
   make sure (평서문) (평서문)인 걸 확실히 하다 / 꼭 (평서문)하다
   Make sure you eat this. 너 이거 꼭 먹어.
   Please make sure everything is correct. 모든 게 맞는지 확실히 해 주세요.

STEP 4 직접 손영작/입영작 | 핵심 패턴을 사용하여 손으로 영작하고 입으로 영작하세요.

1. 난 네 미래가 걱정돼.　　_____

2. 너 떠나기 전에 나한테 메시지 해.　_____

3. 난 다시는 실수하고 싶지 않아.　_____

4. 너 꼭 많은 물을 마셔.　　_____

정답 | **1.** I am worried about your future. **2.** Message me before you leave. **3.** I don't want to make a mistake again. **4.** Make sure you drink a lot of water.

DAY 119 칭찬이야, 모욕이야?

관계

방송시청 ____회 ▶ 손영작 ____회 ▶ 입영작 ____회 ▶ 반복낭독 ____회

STEP 1

Today's Dialogue | 방송으로 대화를 들으며 빈칸에 알맞은 단어를 최대한 채워 보세요.

A: What do you _____ about me the most?
내 어떤 점이 가장 좋아?

B: Most of all, I love your _____. 무엇보다, 미소가 너무 좋아.

A: What _____? Go on. 다른 건 뭐 없어? 계속해 봐.

B: Your _____. They're not funny, but I like them. 자기의 아재 개그. 웃기진 않는데 좋아.

STEP 2

빈칸 단어 익히기 | 예문으로 단어의 쓰임을 익히세요.

■ **love** 사랑하다, 엄청 좋아하다
She loves her career. 걔는 자기 커리어를 사랑해.
I love fried chicken. 난 프라이드치킨이 엄청 좋아.

■ **smile** 미소 / 미소 짓다
I see your smile. 네 미소가 보여.
Stop smiling at me. 나한테 그만 미소 지어.

■ **else** 다른
I want something else. 난 다른 뭔가를 원해.
Talk to someone else. 다른 사람한테 얘기하세요.

■ **dad joke** 아재 개그
I love dad jokes. 난 아재 개그가 엄청 좋아.
He knows a lot of dad jokes. 걔는 아재 개그를 많이 알아.

STEP 3 핵심 패턴 익히기 | 방송을 시청하며 각 문장의 핵심 패턴을 익히세요.

A: **What do you love about me the most?** 내 어떤 점이 가장 좋아?
What do you love about (명사) the most? 넌 (명사)의 어떤 점이 가장 좋아?
What do you love about your job the most? 넌 네 일의 어떤 점이 가장 좋아?
What do you love about her the most? 넌 그녀의 어떤 점이 가장 좋니?

B: **Most of all, I love your smiles.** 무엇보다, 미소가 너무 좋아.
most of all, 무엇보다,
Most of all, I love its color. 무엇보다, 난 그 색이 엄청 좋아.
Most of all, I'd like to thank my fans. 무엇보다, 제 팬들에게 감사하고 싶어요.

A: **What else? Go on.** 다른 건 뭐 없어? 계속해 봐.
go on 계속하다
Go on. I am listening. 계속해. 듣고 있으니까.
She went on with her speech. 그녀는 연설을 계속했어.

B: **Your dad jokes. They're not funny, but I like them.**
자기의 아재 개그. 웃기진 않은데 좋아.
, but 하지만, ~하지는 않지만
He is cool, but I don't like him. 걔는 쿨하긴 한데, 마음에 안 들어.
She is only 5, but she is smart. 걔는 겨우 다섯 살이지만 똑똑해.

STEP 4 직접 손영작/입영작 | 핵심 패턴을 사용하여 손으로 영작하고 입으로 영작하세요.

1. 넌 이 프로그램의 어떤 점이 가장 좋아? _____

2. 무엇보다, 난 그의 목소리가 엄청 좋아. _____

3. 그는 휴식 시간 없이 계속했어. _____

4. 그건 저렴하지만 난 그게 마음에 안 들어. _____

정답 | 1. What do you love about this program the most? 2. Most of all, I love his voice. 3. He went on without a break. 4. It's cheap, but I don't like it.

지역 축제를 즐겨 보자

여행

방송시청 _____ 회 ▶ 손영작 _____ 회 ▶ 입영작 _____ 회 ▶ 반복낭독 _____ 회

STEP 1

Today's Dialogue | 방송으로 대화를 들으며 빈칸에 알맞은 단어를 최대한 채워 보세요.

A: Are there any local _____ or events?
지역 축제나 이벤트가 있나요?

B: Check out the city's event _____.
도시 이벤트 일정표를 살펴보세요.

A: Where can I _____ it? 그건 어디서 찾을 수 있는데요?

B: They have a _____. It's www.WCBevents.com.
웹사이트가 있어요. www.WCBevents.com이에요.

STEP 2

빈칸 단어 익히기 | 예문으로 단어의 쓰임을 익히세요.

■ **festival** 축제
There is a huge festival! 엄청 큰 축제가 있어요!
The festival went on for hours. 그 축제는 수 시간 계속됐어.

■ **calendar** 일정표, 달력
Here's our event calendar. 여기 저희 이벤트 일정표가 있어요.
Mark it down on the calendar. 그거 달력에 표시해 놔.

■ **find** 찾아내다
I have found my soulmate. 난 내 소울메이트를 찾아냈어.
Did you find your ring? 너 반지 찾았니?

■ **website** 웹사이트
I have my own website. 전 저만의 웹사이트가 있어요.
Visit our website. 저희 웹사이트를 방문하세요.

STEP 3 핵심 패턴 익히기 | 방송을 시청하며 각 문장의 핵심 패턴을 익히세요.

A: **Are there any local festivals or events?** 지역 축제나 이벤트가 있나요?
Is/Are there (명사)? (명사)가 있나요?
Is there an ATM in here? 이 안에 ATM이 있나요?
Are there any questions? 질문이 있나요?

B: **Check out the city's event calendar.** 도시 이벤트 일정표를 살펴보세요.
check out (명사) (명사)를 살펴보다/좀 보다
Check out my new blouse. 내 새 블라우스 좀 봐.
I already checked out the site. 전 그 부지를 이미 살펴봤어요.

A: **Where can I find it?** 그건 어디서 찾을 수 있는데요?
Where can I (동사원형)? 어디서 (동사원형)할 수 있을까요?
Where can I buy that necklace? 그 목걸이를 어디서 살 수 있죠?
Where can I find the brochure? 그 책자를 어디서 찾을 수 있어요?

B: **They have a website. It's www.WCBevents.com.**
웹사이트가 있어요. www.WCBevents.com이에요.
have (명사) (명사)를 가지고 있다 (→ (명사)가 있다)
She has a blog. 걔는 블로그가 있어.
They have a new channel. 그들은 새 채널을 가지고 있어.

STEP 4 직접 손영작/입영작 | 핵심 패턴을 사용하여 손으로 영작하고 입으로 영작하세요.

1. 거기에 많은 아이들이 있나요?　　_____

2. 내 새 운동화 좀 봐.　　_____

3. 그 지도를 어디서 찾을 수 있을까요?　　_____

4. 저희는 웹사이트가 있습니다.　　_____

정답 | **1.** Are there many children there? **2.** Check out my new sneakers. **3.** Where can I find the map? **4.** We have a website.

DAY 121 두 자매가 반한 아이돌 가수

가정

방송시청 ____ 회 ▶ 손영작 ____ 회 ▶ 입영작 ____ 회 ▶ 반복낭독 ____ 회

STEP 1

Today's Dialogue | 방송으로 대화를 들으며 빈칸에 알맞은 단어를 최대한 채워 보세요.

A: **Have you heard the new _____ by Peter Boy?**
Peter Boy의 신곡 들어 봤어?

B: **Of course! The _____ are so catchy!**
당연하지! 가사가 중독성 있잖아!

A: **I can't stop _____ to it!** 듣는 걸 못 멈추겠어!

B: **I'm _____ in love with him.** 나 완전 걔한테 빠졌어.

STEP 2

빈칸 단어 익히기 | 예문으로 단어의 쓰임을 익히세요.

- **song** 노래
  Let's sing a song. 노래를 부르자.
  Who wrote this song? 누가 이 노래를 썼니?

- **lyrics** 가사
  Who wrote the lyrics? 누가 가사를 썼어?
  The lyrics are so beautiful. 가사가 엄청 아름답군.

- **listen** 듣다
  Are you listening? 너 듣고 있는 거야?
  I am listening to the radio. 나 라디오 듣고 있어.

- **so** 완전히, 아주, 엄청
  I was so thirsty. 나 완전 목말랐어.
  We are so tired. 우리 엄청 피곤해.

STEP 3 | 핵심 패턴 익히기 | 방송을 시청하며 각 문장의 핵심 패턴을 익히세요.

A: **Have you heard the new song by Peter Boy?**
Peter Boy의 신곡 들어 봤어?
by (목적어) (목적어)에 의한
This is a song by Michael Jackson.
이건 Michael Jackson에 의한 (→ Michael Jackson이 부른) 곡이야.
It's a book by Mayu. 그건 마유에 의한 (→ 마유가 쓴) 책이야.

B: **Of course! The lyrics are so catchy!** 당연하지! 가사가 중독성 있잖아!
Of course! 물론이지! / 당연하지!
Of course! You know me! 물론이지! 너 나 알잖아!
Of course, I love you. 당연히 널 사랑하지.

A: **I can't stop listening to it!** 듣는 걸 못 멈추겠어!
can't/couldn't stop (~ing) (~ing)하는 걸 멈출 수가 없다/없었다
I can't stop loving you. 널 사랑하는 걸 못 멈추겠어.
She couldn't stop crying. 그녀는 우는 걸 멈출 수가 없었어.

B: **I'm so in love with him.** 나 완전 걔한테 빠졌어.
be in love + with (목적어) (목적어)와 사랑에 빠져 있다
I am in love with Audrey. 난 Audrey와 사랑에 빠져 있어.
She is in love with her career. 걔는 자기 커리어와 사랑에 빠져 있어.

STEP 4 | 직접 손영작/입영작 | 핵심 패턴을 사용하여 손으로 영작하고 입으로 영작하세요.

1. 이건 Madonna에 의한 곡이야. _____

2. 당연하지! 나한테 아무 때나 전화해! _____

3. 난 웃는 걸 못 멈추겠어. _____

4. 난 그 가수와 사랑에 빠져 있어. _____

정답 | **1.** This is a song by Madonna. **2.** Of course! Call me anytime! **3.** I can't stop laughing. **4.** I am in love with the singer.

DAY 122 곧 만나러 갑니다, 내 아이돌 가수여   [일상]

방송시청 ___회 ▶ 손영작 ___회 ▶ 입영작 ___회 ▶ 반복낭독 ___회

STEP 1

Today's Dialogue | 방송으로 대화를 들으며 빈칸에 알맞은 단어를 최대한 채워 보세요.

A: I'm going to a concert _____! 나 다음 주에 콘서트 간다!

B: Whose _____ are you going to? 누구 콘서트에 가는데?

A: Do you even have to _____? Peter Boy!
굳이 물어봐야 해? Peter Boy지!

B: Gosh, I'm so _____ of you. 휴, 너 엄청 질투 난다.

STEP 2

빈칸 단어 익히기 | 예문으로 단어의 쓰임을 익히세요.

- **next week** 다음 주 / 다음 주에
  I will be back next week. 나 다음 주에 돌아올게.
  Can we meet up next week? 우리 다음 주에 만날 수 있어?

- **concert** 콘서트
  When is their concert? 그들의 콘서트가 언제야?
  I have free tickets to the concert. 나 그 콘서트 가는 무료 티켓 있어.

- **ask** 물어보다, ~에게 물어보다
  Ask Grandma. 할머니께 여쭤봐.
  I already asked the teacher. 나 벌써 선생님한테 물어봤어.

- **jealous** 질투하는, 질투 나는
  You are just jealous! 너 그냥 질투하는 거지!
  I am not jealous. 난 질투 안 나.

STEP 3 핵심 패턴 익히기 | 방송을 시청하며 각 문장의 핵심 패턴을 익히세요.

A: **I'm going to a concert next week!** 나 다음 주에 콘서트 간다!
be (~ing) (~ing)해
I am going to Suji tomorrow. 나 내일 수지에 가.
We are meeting up in the city. 우리 시내에서 만나.

B: **Whose concert are you going to?** 누구 콘서트에 가는데?
Whose (명사) 누구의 (명사)
Whose car did you see? 넌 누구 차를 봤니?
Whose watch is this? 이거 누구 시계야?

A: **Do you even have to ask? Peter Boy!** 굳이 물어봐야 해? Peter Boy지!
have to (동사원형) (동사원형)해야만 하다
Do you really have to buy this? 너 진짜 이거 사야 돼?
She has to move out tomorrow. 걔는 내일 이사 나가야 돼.

B: **Gosh, I'm so jealous of you.** 휴, 너 엄청 질투 난다.
be jealous + of (목적어) (목적어)가 질투 나다
I am jealous of her voice. 난 걔 목소리가 질투 나.
Are you jealous of Emma? 넌 Emma가 질투 나니?

STEP 4 직접 손영작/입영작 | 핵심 패턴을 사용하여 손으로 영작하고 입으로 영작하세요.

1. 우리 다음 주에 이사 나가. _____

2. 넌 누구의 재킷을 입고 있니? _____

3. 우리 오늘 밤에 떠나야 돼. _____

4. 난 우리 언니가 질투 나. _____

정답 | 1. We are moving out next week. 2. Whose jacket are you wearing? 3. We have to leave tonight. 4. I am jealous of my sister.

DAY 123 작년에 이어 충치 풍년이네

직업

방송시청 _____ 회 ▶ 손영작 _____ 회 ▶ 입영작 _____ 회 ▶ 반복낭독 _____ 회

STEP 1
Today's Dialogue | 방송으로 대화를 들으며 빈칸에 알맞은 단어를 최대한 채워 보세요.

A: **You have a cavity in your _____.** 어금니에 충치가 있네요.

B: **Does that mean I need a _____?** 때워야 한다는 말인가요?

A: **Yes, but it won't _____.** 그렇기는 한데, 아프진 않을 거예요.

B: **I hope it's not too _____.** 너무 비싸지 않으면 좋겠네요.

STEP 2
빈칸 단어 익히기 | 예문으로 단어의 쓰임을 익히세요.

■ **molar** 어금니
My molar hurts. 어금니가 아파.
I brushed my molars thoroughly. 나 어금니 골고루 닦았어.

■ **filling** 이를 때움, 충전
He placed a filling in my molar. 그가 내 어금니를 때워 줬어.
You might need a filling. 환자분은 이를 때워야 할지도 몰라요.

■ **hurt** 아프다
My neck hurts. 나 목이 아파.
My feet hurt. 나 발이 아파.

■ **expensive** 비싼
The scarf is too expensive. 그 스카프는 너무 비싸.
It's an expensive computer. 그거 비싼 컴퓨터야.

STEP 3 핵심 패턴 익히기 | 방송을 시청하며 각 문장의 핵심 패턴을 익히세요.

A: You have a cavity in your molar. 어금니에 충치가 있네요.
have (명사) (명사)를 가지고 있다 (→ (명사)가 있다)
I have a coin in my hand. 내 손에 동전이 있어.
Do you have blue ones, too? 파란 것들도 가지고 계세요?

B: Does that mean I need a filling? 때워야 한다는 말인가요?
Does that mean + (평서문)? (평서문)이란 말인가요?
Does that mean I need more cash? 제가 현금이 더 필요하다는 말인가요?
Does that mean you don't love me? 날 사랑하지 않는다는 말이야?

A: Yes, but it won't hurt. 그렇기는 한데, 아프진 않을 거예요.
won't (동사원형) (동사원형)하지 않을 것이다
They won't say no. 걔네는 싫다고 하지 않을 거야.
It won't be easy. 그건 쉽지 않을 거야.

B: I hope it's not too expensive. 너무 비싸지 않으면 좋겠네요.
I hope + (평서문). (평서문)이면 좋겠어. / (평서문)이길 바라.
I hope it's not too late. 너무 늦은 게 아니면 좋겠어.
I hope you understand. 이해해 주시길 바랍니다.

STEP 4 직접 손영작/입영작 | 핵심 패턴을 사용하여 손으로 영작하고 입으로 영작하세요.

1. 난 많은 친구들이 있어. _____

2. 제가 갈 수 없다는 말인가요? _____

3. 그녀는 날 믿지 않을 거야. _____

4. 네가 알면 좋겠어. _____

정답 | **1.** I have many friends. **2.** Does that mean I can't go? **3.** She won't believe me. **4.** I hope you know.

DAY 124 다른 게 효도가 아니야 　　관계

방송시청 ____회 ▶ 손영작 ____회 ▶ 입영작 ____회 ▶ 반복낭독 ____회

STEP 1

Today's Dialogue | 방송으로 대화를 들으며 빈칸에 알맞은 단어를 최대한 채워 보세요.

A: I haven't called _____ in a while.
한동안 할머니께 전화를 못 드렸네.

B: She is probably waiting for your _____.
아마 네 전화 기다리고 계실 거야.

A: I'll give her a call _____. 오늘 밤에 전화드릴 거야.

B: She'll be _____ to hear from you.
연락받으시면 기뻐하실 거야.

STEP 2

빈칸 단어 익히기 | 예문으로 단어의 쓰임을 익히세요.

- **grandma** 할머니
  I miss my grandma so much. 우리 할머니가 엄청 그리워.
  My grandma is still healthy. 우리 할머니는 아직 건강하셔.

- **(phone) call** 전화
  I am waiting for his call. 나 걔 전화 기다리고 있어.
  He ignored my calls. 걔는 내 전화를 무시했어.

- **tonight** 오늘 밤 / 오늘 밤에
  They are coming back tonight. 걔네 오늘 밤에 돌아와.
  There is a party tonight. 오늘 밤에 파티 있어.

- **happy** 행복한, 기쁜, 만족한
  I was happy to see you. 널 봐서 기뻤어.
  Are you happy now? 이제 만족하세요?

STEP 3 핵심 패턴 익히기 | 방송을 시청하며 각 문장의 핵심 패턴을 익히세요.

A: I haven't called Grandma in a while. 한동안 할머니께 전화를 못 드렸네.
in a while 한동안
I haven't exercised in a while. 나 한동안 운동 안 했어.
They haven't traveled in a while. 걔네는 한동안 여행을 안 갔어.

B: She is probably waiting for your call. 아마 네 전화 기다리고 계실 거야.
wait + for (명사) (명사)를 기다리다
Please wait for us. 저희를 기다려 주세요.
Are you waiting for your turn? 네 차례 기다리는 거야?

A: I'll give her a call tonight. 오늘 밤에 전화드릴 거야.
give (목적어) a call (목적어)에게 전화하다
Give me a call soon. 금방 나한테 전화해 줘.
I already gave them a call. 나 벌써 걔네한테 전화했어.

B: She'll be happy to hear from you. 연락받으시면 기뻐하실 거야.
hear + from (목적어) (목적어)의 연락을 받다/소식을 듣다
I haven't heard from her. 난 그녀의 소식을 들어 본 적이 없어.
I look forward to hearing from you. 당신의 연락을 고대합니다.

STEP 4 직접 손영작/입영작 | 핵심 패턴을 사용하여 손으로 영작하고 입으로 영작하세요.

1. 난 한동안 헬스장에 가 본 적 없어. _____

2. 너 날 기다려 줄 수 있니? _____

3. 제가 당신에게 전화드릴게요. _____

4. 넌 그녀에게 연락을 받았니? _____

정답 | **1.** I haven't been to the gym in a while. **2.** Can you wait for me? **3.** I will give you a call. **4.** Did you hear from her?

DAY 125 여행 중 아이에게 생긴 응급 상황   여행

방송시청 ____회 ▶ 손영작 ____회 ▶ 입영작 ____회 ▶ 반복낭독 ____회

STEP 1
Today's Dialogue | 방송으로 대화를 들으며 빈칸에 알맞은 단어를 최대한 채워 보세요.

A: My child just _____! Can you help?
제 아이가 방금 실신했어요! 도와줄 수 있나요?

B: Hop in! Let me take you to the _____!
타세요! 병원에 모셔다드릴게요!

B: Let me _____ and help you. 내려서 도와드릴게요.

A: Thank you. She was _____ all day.
감사합니다. 하루 종일 괜찮았어요.

STEP 2
빈칸 단어 익히기 | 예문으로 단어의 쓰임을 익히세요.

■ **faint** 실신하다
The patient fainted. 그 환자가 실신했어.
He suddenly fainted. 그는 갑자기 실신했어.

■ **hospital** 병원
I work at a hospital. 저 병원에서 일해요.
They went to the hospital. 그들은 병원에 갔어.

■ **get out** 내리다, 나가다
I got out of the car. 난 차에서 내렸어.
Get out now! 당장 나가!

■ **fine** 괜찮은
I'm fine. Don't worry. 전 괜찮아요. 걱정 마세요.
He was perfectly fine. 걔는 완전 괜찮았어.

STEP 3 핵심 패턴 익히기 | 방송을 시청하며 각 문장의 핵심 패턴을 익히세요.

A: **My child just fainted! Can you help?**
제 아이가 방금 실신했어요! 도와줄 수 있나요?
Can you (동사원형)? (동사원형)할 수 있니?
Can you help me out? 날 거들어 줄 수 있니?
Can you turn off the radio? 라디오 꺼 줄 수 있니?

B: **Hop in! Let me take you to the hospital!**
타세요! 병원에 모셔다드릴게요!
take (목적어) + to (명사) (목적어)를 (명사)에 데려가다
Please take me to the airport. 절 공항에 데려다주세요.
I took them to the beach. 난 걔네를 해변에 데려갔어.

B: **Let me get out and help you.** 내려서 도와드릴게요.
Let me (동사원형). (동사원형)할게요.
Let me take you there. 거기에 모셔다드릴게요.
Let me move my suitcase. 제 여행 가방을 옮길게요.

A: **Thank you. She was fine all day.** 감사합니다. 하루 종일 괜찮았어요.
all day 하루 종일
I slept all day. 난 하루 종일 잤어.
We practiced Verbal Writing all day. 우린 입영작을 하루 종일 연습했어.

STEP 4 직접 손영작/입영작 | 핵심 패턴을 사용하여 손으로 영작하고 입으로 영작하세요.

1. 너 여기서 기다릴 수 있니? _____

2. 절 그 공원에 데려다주세요. _____

3. 당신에게 뭐 좀 여쭤볼게요. _____

4. 우린 하루 종일 공부했어. _____

정답 | 1. Can you wait here? 2. Please take me to the park. 3. Let me ask you something. 4. We studied all day.

DAY 126 우리 아이의 최애 과목 〔가정〕

방송시청 ____ 회 ▶ 손영작 ____ 회 ▶ 입영작 ____ 회 ▶ 반복낭독 ____ 회

STEP 1

Today's Dialogue | 방송으로 대화를 들으며 빈칸에 알맞은 단어를 최대한 채워 보세요.

A: What's your favorite _____ at school?
학교에서 가장 좋아하는 과목이 뭐야?

B: I kind of like _____. It's pretty interesting.
물리가 약간 좋아요. 꽤 흥미롭거든요.

A: _____, what's your least favorite subject?
그럼, 가장 안 좋아하는 과목은 뭔데?

B: I don't like _____. It's too tiring.
체육 수업을 안 좋아해요. 너무 피곤해요.

STEP 2

빈칸 단어 익히기 | 예문으로 단어의 쓰임을 익히세요.

■ **subject** 과목
English is my favorite subject. 영어는 내가 가장 좋아하는 과목이야.
History is a difficult subject. 역사는 어려운 과목이야.

■ **physics** 물리학
Physics is not so fun. 물리는 그렇게 재미는 없어.
I am in the physics class. 나 물리 수업 듣고 있어.

■ **then** 그러면
Come back later, then. 그럼, 나중에 돌아와.
Then, why did you laugh? 그럼, 너 왜 웃었는데?

■ **gym class** 체육 수업
Gym class starts at 10. 체육 수업은 10시에 시작해요.
We played basketball in gym class. 우리 체육 수업에서 농구했어.

STEP 3 핵심 패턴 익히기 | 방송을 시청하며 각 문장의 핵심 패턴을 익히세요.

A: **What's your favorite subject at school?**
학교에서 가장 좋아하는 과목이 뭐야?
What's your favorite (명사)? 가장 좋아하는 (명사)가 뭐야?
What's your favorite song? 가장 좋아하는 노래가 뭐야?
What's your favorite country? 가장 좋아하는 나라가 뭐야?

B: **I kind of like physics. It's pretty interesting.**
물리가 약간 좋아요. 꽤 흥미롭거든요.
kind of 약간, 좀
I kind of like this color. 나 이 색이 약간 마음에 들어.
She kind of ignored me. 걔가 날 좀 모른 척했어.

A: **Then, what's your least favorite subject?**
그럼, 가장 안 좋아하는 과목은 뭔데?
What's your least favorite (명사)? 가장 안 좋아하는 (명사)가 뭐야?
What's your least favorite color? 가장 안 좋아하는 색이 뭐야?

B: **I don't like gym class. It's too tiring.**
체육 수업을 안 좋아해요. 너무 피곤해요.
too (형용사) 너무 (형용사)한
Europe is too far. 유럽은 너무 멀어.
Your suitcase is too heavy. 네 여행 가방은 너무 무거워.

STEP 4 직접 손영작/입영작 | 핵심 패턴을 사용하여 손으로 영작하고 입으로 영작하세요.

1. 가장 좋아하는 TV 프로그램은 뭐야? _____

2. 난 그걸 약간 싫어해. _____

3. 가장 안 좋아하는 브랜드가 뭐야? _____

4. 여긴 모든 게 너무 비싸. _____

정답 | 1. What's your favorite TV program? 2. I kind of hate it. 3. What's your least favorite brand? 4. Everything is too expensive here.

DAY 127 십 년 만에 전화기를 바꾼 친구 [일상]

방송시청 ____회 ▶ 손영작 ____회 ▶ 입영작 ____회 ▶ 반복낭독 ____회

STEP 1
Today's Dialogue | 방송으로 대화를 들으며 빈칸에 알맞은 단어를 최대한 채워 보세요.

A: What do you think about my new _____?
내 새 전화기 어떻게 생각해?

B: Man, is this the _____ Mayu Phone 30?
와, 이거 새로 나온 Mayu Phone 30이야?

A: Yup! It's got at least 10 new _____!
어! 적어도 새로운 기능이 열 개라고!

B: It's time I _____ a new phone, too.
나도 새 전화기 살 때도 됐다.

STEP 2
빈칸 단어 익히기 | 예문으로 단어의 쓰임을 익히세요.

- **phone** 전화기
  Check your phone. 네 전화기를 확인해 봐.
  I need a charger for my phone. 나 전화기 충전기 필요해.

- **new** 새로 나온, 새것인
  It's his new movie. 그건 그의 새 영화야.
  Is this new or used? 이거 새 거예요, 아니면 중고예요?

- **feature** 기능, 특색
  It has many different features. 그건 다양한 기능이 있어.
  What a cool feature! 엄청 멋진 기능이네!

- **buy** 사다
  I bought a silver necklace. 나 은 목걸이 샀어.
  I can't buy it now. 나 지금은 그거 못 사.

STEP 3 핵심 패턴 익히기 | 방송을 시청하며 각 문장의 핵심 패턴을 익히세요.

A: **What do you think about my new phone?** 내 새 전화기 어떻게 생각해?
   `What do you think about (명사)?` (명사)를 어떻게 생각해?
   What do you think about my friend? 내 친구 어떻게 생각해?
   What do you think about the story? 그 이야기 어떻게 생각해?

B: **Man, is this the new Mayu Phone 30?**
   와, 이거 새로 나온 Mayu Phone 30이야?
   `man` 이런, 와, 어휴
   Man, you are good-looking! 와, 잘생기셨네요!
   Man, we lost again. 이런, 우리 또 졌어.

A: **Yup! It's got at least 10 new features!**
   어! 적어도 새로운 기능이 열 개라고!
   `have/has got` 가지고 있다
   I have got $3. 나 3달러 있어.
   She has got some cash. 걔는 현금이 좀 있어.

B: **It's time I bought a new phone, too.** 나도 새 전화기 살 때도 됐다.
   `It's time + (평서문 과거).` (평서문 과거)할 때도 됐다.
   It's time you got a job. 너 취직할 때도 됐어.
   It's time we broke up. 우리 헤어질 때도 됐어.

STEP 4 직접 손영작/입영작 | 핵심 패턴을 사용하여 손으로 영작하고 입으로 영작하세요.

1. 우리 언니 어떻게 생각해? _____

2. 와, 그녀는 엄청 귀엽네요. _____

3. 난 엄청 많은 돈을 가지고 있어. _____

4. 그들은 결혼할 때도 됐어. _____

정답 | 1. What do you think about my sister? 2. Man, she is so cute. 3. I have got so much money. 4. It's time they got married.

DAY 128 근육맨은 되고 싶은데 귀찮아   직업

방송시청 ____회 ▶ 손영작 ____회 ▶ 입영작 ____회 ▶ 반복낭독 ____회

STEP 1
Today's Dialogue | 방송으로 대화를 들으며 빈칸에 알맞은 단어를 최대한 채워 보세요.

A: I want to focus on _____ muscle.
근육 기르는 거에 집중하고 싶어요.

B: Let's start with _____, then. 그럼, 웨이트로 시작합시다.

A: Do I have to do it _____? 그걸 매일 해야 돼요?

B: _____ three times a week. 적어도 일주일에 세 번이요.

STEP 2
빈칸 단어 익히기 | 예문으로 단어의 쓰임을 익히세요.

- **build** 근육을 기르다, 짓다
  I want to build muscle. 나 근육 기르고 싶어.
  They are building a bridge. 그들은 다리를 짓고 있어.

- **weight training** 웨이트 (트레이닝)
  You will need weight training. 너 웨이트가 필요할 거야.
  She started weight training a month ago. 걔는 한 달 전에 웨이트를 시작했어.

- **every day** 매일
  I practice English every day. 난 매일 영어를 연습해.
  She works out every day. 걔는 매일 운동해.

- **at least** 적어도
  We need at least $3,000. 우린 적어도 3천 달러가 필요해.
  At least, you are smart. 적어도, 넌 똑똑하니까.

STEP 3 핵심 패턴 익히기 | 방송을 시청하며 각 문장의 핵심 패턴을 익히세요.

A: **I want to focus on building muscle.** 근육 기르는 거에 집중하고 싶어요.
focus + on (~ing) (~ing)하는 것에 집중하다
Focus on learning grammar. 문법 배우는 거에 집중해.
Let's focus on eating healthy food. 건강한 음식을 먹는 것에 집중합시다.

B: **Let's start with weight training, then.** 그럼, 웨이트로 시작합시다.
start + with (명사) (명사)로 시작하다
Start with easy patterns. 쉬운 패턴들로 시작해.
Let's start with pronunciation. 발음으로 시작합시다.

A: **Do I have to do it every day?** 그걸 매일 해야 돼요?
Do I have to (동사원형)? (동사원형)해야만 하나요?
Do I have to do it again? 저 그거 다시 해야 돼요?
Do I have to eat the vegetables? 저 그 채소 먹어야 돼요?

B: **At least three times a week.** 적어도 일주일에 세 번이요.
(횟수) a week 일주일에 (횟수) 번
Do this once a week. 이걸 일주일에 한 번 해.
I go there four times a week. 나 거기 일주일에 네 번 가.

STEP 4 직접 손영작/입영작 | 핵심 패턴을 사용하여 손으로 영작하고 입으로 영작하세요.

1. 읽는 것에 집중해. _____

2. 알파벳으로 시작하자. _____

3. 저 여기서 기다려야 돼요? _____

4. 나 일주일에 세 번 헬스장에 가. _____

정답 | **1.** Focus on reading. **2.** Let's start with the alphabet. **3.** Do I have to wait here? **4.** I go to the gym three times a week.

DAY 129 젠틀맨이 되어 볼까나?

관계

방송시청 ___회 ▶ 손영작 ___회 ▶ 입영작 ___회 ▶ 반복낭독 ___회

STEP 1

Today's Dialogue | 방송으로 대화를 들으며 빈칸에 알맞은 단어를 최대한 채워 보세요.

A: I had fun hanging out _____ you. 같이 놀아서 재미있었어.

B: Same here. You _____ in Beverly Hills, right?
나도. 너 Beverly Hills에 살지?

B: Let me walk you _____. 집으로 걸어서 데려다줄게.

A: Oh, you _____ don't have to. 아, 정말 안 그래도 되는데.

STEP 2

빈칸 단어 익히기 | 예문으로 단어의 쓰임을 익히세요.

■ **with** ~와
Go with your sister. 너의 언니랑 같이 가.
I met up with Carl. 나 Carl이랑 만났어.

■ **live** 살다
Do you live with your parents? 너 부모님이랑 살아?
I live in Chicago. 나 시카고에 살아.

■ **home** 집으로, 집에
Go home now. 지금 집으로 가.
Let's just walk home. 그냥 집에 걸어서 가자.

■ **really** 정말
She was really upset. 걔는 정말 기분이 상했어.
The water is really deep. 물이 정말 깊어.

STEP 3 핵심 패턴 익히기 | 방송을 시청하며 각 문장의 핵심 패턴을 익히세요.

A: **I had fun hanging out with you.** 같이 놀아서 재미있었어.
   have fun + (~ing) (~ing)하느라/해서 재미있다
   I had fun talking with you. 너랑 얘기하느라 재미있었어.
   We had fun playing hide-and-seek. 우리 숨바꼭질해서 재미있었어.

B: **Same here. You live in Beverly Hills, right?**
   나도. 너 Beverly Hills에 살지?
   (평서문), right? (평서문)이지?
   You are David, right? 네가 David이지?
   She lives in Illinois, right? 걔는 Illinois에 살지?

B: **Let me walk you home.** 집으로 걸어서 데려다줄게.
   walk (목적어) (목적어)를 걸어서 데려다주다 / (목적어)를 산책시키다
   He walked me home. 걔가 날 집에 걸어서 데려다 줬어.
   I walked my dog. 나 우리 개 산책시켰어.

A: **Oh, you really don't have to.** 아, 정말 안 그래도 되는데.
   don't/doesn't have to (동사원형) (동사원형) 안 해도 되다
   I don't have to go to work. 나 출근 안 해도 돼.
   She doesn't have to sign it. 그녀는 그것에 서명하지 않아도 됩니다.

STEP 4 직접 손영작/입영작 | 핵심 패턴을 사용하여 손으로 영작하고 입으로 영작하세요.

1. 우린 영화 보느라 재미있었어. _____

2. 너 한국인이지? _____

3. 그 신사분이 날 집에 걸어서 데려다줬어. _____

4. 너 거짓말 안 해도 돼. _____

정답 | 1. We had fun watching movies. 2. You are Korean, right? 3. The gentleman walked me home. 4. You don't have to lie.

DAY 130 뉴욕 하면 재즈 아니겠어? 〔여행〕

방송시청 _____ 회 ▶ 손영작 _____ 회 ▶ 입영작 _____ 회 ▶ 반복낭독 _____ 회

STEP 1
Today's Dialogue | 방송으로 대화를 들으며 빈칸에 알맞은 단어를 최대한 채워 보세요.

A: Where's a good place for _____ music?
라이브 음악 들을 괜찮은 곳이 어디예요?

B: Mayu Jazz has live _____ every night.
Mayu Jazz에 매일 밤 라이브 공연이 있어요.

B: They _____ *Ma Ma Land* there. You know, the movie. 거기서 'Ma Ma Land'를 찍었어요. 있잖아요, 그 영화.

A: Holy moly! That's my all-time favorite _____!
맙소사! 그거 제 인생 영화예요!

STEP 2
빈칸 단어 익히기 | 예문으로 단어의 쓰임을 익히세요.

■ **live** 라이브, 라이브인
  It's a live show. 그건 라이브 쇼야.
  We went to their live concert. 우린 그들의 라이브 콘서트에 갔어.

■ **performance** 공연
  What a great performance! 엄청 멋진 공연이네!
  I missed her performance. 난 그녀의 공연을 놓쳤어.

■ **shoot** 찍다, 촬영하다
  They shot a movie here. 그들이 여기서 영화를 찍었어.
  They are shooting a music video! 그들이 뮤직비디오를 촬영 중이야!

■ **movie** 영화
  What a horrible movie! 엄청 형편없는 영화구먼!
  Who directed this movie? 누가 이 영화를 감독했지?

STEP 3 핵심 패턴 익히기 | 방송을 시청하며 각 문장의 핵심 패턴을 익히세요.

A: **Where's a good place for live music?**
라이브 음악 들을 괜찮은 곳이 어디예요?
Where is a good place + for (명사)? (명사)를 즐길 괜찮은 곳이 어디죠?
Where is a good place for magic shows? 마술 쇼 즐길[볼] 괜찮은 곳이 어디죠?

B: **Mayu Jazz has live performances every night.**
Mayu Jazz에 매일 밤 라이브 공연이 있어요.
every night 매일 밤 / 매일 밤에
He calls me every night. 걔가 나한테 매일 밤 전화해.
I pray every night. 난 매일 밤 기도해.

B: **They shot *Ma Ma Land* there. You know, the movie.**
거기서 'Ma Ma Land'를 찍었어요. 있잖아요, 그 영화.
You know, 있잖아요,
You know, the song. 있잖아요, 그 노래.
You know, the girl with big eyes. 있잖아요, 큰 눈을 가진 그 여자.

A: **Holy moly! That's my all-time favorite movie!**
맙소사! 그거 제 인생 영화예요!
all-time favorite (명사) 인생 (명사)
This is my all-time favorite song! 이거 내 인생 노래야!
That is her all-time favorite album. 그건 그녀의 인생 앨범이야.

STEP 4 직접 손영작/입영작 | 핵심 패턴을 사용하여 손으로 영작하고 입으로 영작하세요.

1. 멕시코 음식 즐길 괜찮은 곳이 어디죠? _____

2. 우린 매일 밤 얘기해. _____

3. 있잖아요, 그 뮤지컬. _____

4. 이건 내 인생 케이팝 음악이야. _____

정답 | 1. Where is a good place for Mexican food? 2. We talk every night. 3. You know, the musical. 4. This is my all-time favorite K-pop music.